Y Syrcas

Argraffiad cyntaf: Gorffennaf 1998
℗ Hawlfraint Dyfed Edwards a'r Lolfa Cyf., 1998

Llun y clawr: Jonathan Ward

Rhif Llyfr Rhyngwladol: 0 86243 461 0

Cyhoeddwyd yng Nghymru
ac argraffwyd ar bapur di-asid a rhannol eilgylch
gan Y Lolfa Cyf., Talybont, Ceredigion SY24 5AP
e-bost ylolfa@ylolfa.com
y we http://www.ylolfa.com/
ffôn (01970) 832 304
ffacs 832 782
isdn 832 813

Dyfed Edwards
Y Syrcas

yLolfa

PROLOG

Gorffennaf 1898

S<small>UGNWYD</small> Y <small>PLANT</small> i grombil y ddaear.

Herciodd y bachgen i fyny'r llethr ar eu holau. Roedd o'n laddar o chwys; ei geseiliau'n wlyb doman a'i grys yn glynu wrth ei gefn.

Brwydrai'n erbyn y ddringfa serth o'i flaen a'r boen chwilboeth yn ei goes gam.

Ond roedd o'n colli'r dydd. Syrthiodd ar ei stumog. Anadlodd yn drwm. Edrychodd yn anobeithiol tuag at ael y bryn. Roedd plant y pentref yn diflannu dros y brig, yn syrthio i'r ochr draw.

Yn disgyn i baradwys.

Neu dyna'r addewid a gafwyd yn y breuddwydion ac yng ngeiriau'r bobl ddiarth.

Dridiau'n unig y bu'r syrcas yma ac roedd ieuenctid yr ardal wedi'u mesmereiddio.

Dowch i'r syrcas; gwireddwch eich breuddwydion.

Dyna ddywedodd y dieithriaid, dyna'r gân yn y breuddwydion. A'i freuddwyd yntau oedd cael cerdded yn syth; cael 'madael â'r anabledd melltith a fu'n gymaint o fwrn arno ar hyd ei oes fer.

Roedd y plant eraill yn chwerthin am ei ben.

Coes glec. Dyna roeddan nhw'n ei weiddi. Ac yna,

5

pwnio, gwthio, taro. Roedd o'n ysu ymuno â nhw; yn ysu bychanu rhyw druan tebyg iddo fo'i hun; yn ysu bod yn un â'r dyrfa.

A dyna fu addewid pobl y syrcas.

Ond roedd yr addewid honno ar fin cael ei dryllio i'r pedwar gwynt.

Stryffagliodd ar ei draed. Gwyliodd, dagrau yn ei lygaid, wrth i'r ola' o blant y Berth syrthio dros ael y bryn. Dringodd eto, ei sgyfaint yn ymwrthod â'r ymdrech, ei galon fel drym rhyfel y tu ôl i'w asennau.

Ugain llath ... pymtheg ...

Roedd ei lygaid wedi glynu ar y man lle y llifai'r gwyrdd yn las, lle y cyffyrddai'r bryn â'r awyr.

Pam y cafodd o'i greu fel hyn? Pa fath o Dduw fyddai'n mynnu'r fath boen? Ni feiddiai amau bodolaeth ei Greawdwr. Roedd ganddo ormod o ofn fflamau'r Uffern; yr Uffern Dân honno a losgai yn llygaid y Parchedig Lewis Evans wrth iddo daranu'i rybuddion yn yr oedfa bob Sul.

Ond heddiw, roedd Lewis Evans mewn trwmgwsg tragwyddol ynghyd â'i Dduw Hollalluog a'i Uffern Dân ddychrynllyd. Yr unig rai'n effro oedd plantos a phobl ifainc y Berth a oedd yn cael eu denu'n ddi-droi'n ôl at y sioe fawreddog yr ochr arall i'r bryn.

Pum llath o grib y bryn. Roedd y bachgen ar ei stumog. Tynnodd awyr iach i'w sgyfaint. Suddodd ei fysedd i bridd meddal y ddaear gan ei lusgo'i hun i fyny.

Arhosodd.

Clywodd y rhuo mawr. Crynodd y ddaear. Aeth ias drwyddo. Yna, daeth y sgrechian fel brysneges ar yr awel.

Fe'i llusgodd ei hun i'r brig a chraffu ar y comin islaw lle y codwyd y syrcas ychydig ddyddiau ynghynt.

Dihangodd y gwaed o'i wyneb. Dechreuodd grynu.

Ni allai symud, ni allai sgrechian.

Ac yna, daeth y sŵn sisial, y sŵn gwichian, yn

chwyddo'n uwch ac yn uwch y tu cefn iddo. Roedd gormod o ofn arno i droi ac edrych. Oedd o wir am weld yr hyn a oedd yn dringo'r bryn tuag ato mewn un haid ddu?

Roedd gweiddi plant y Berth yn llond ei glustiau; eu dioddefaint yn nofio'n sgarlad yn ei lygaid.

Ac yna, boddwyd y bachgen o dan don ar ôl ton o lygod mawr; eu gwichian yn ei fyddaru, y blew bras yn rhwbio'i groen a'r ewinedd miniog yn rhwygo, eu harogl erchyll yn codi chwydfa arno.

Ni feiddiai sgrechian rhag ofn i un o'r anifeiliaid afiach ruthro i lawr ei gorn gwddw.

Ond dechreuodd riddfan yn dawel, a llifodd ei ddychryn i'r pridd o dan ei gluniau.

1

DIM OND YN EI CHALON y teimlai'r cleisiau bellach. Roedd ei chyhyrau a'i chnawd wedi cael llonydd am bron i bythefnos.

Suddodd y ferch i foethusrwydd sêt yrru'r Sierra coch a gadael i'r gwynt ffres sleifio fel dwylo cariadus drwy'i gwallt hir, brown. Braf fyddai cael bysedd tyner yn llithro drwy'r tonnau sidan.

Ond peth digon prin oedd tynerwch a mwythau ym mywyd Kim Davies.

Serch hynny, roedd yna dynerwch o fath gwahanol i'w gael. Cipiodd yn y drych a gweld Cadi'n cysgu yn y sêt gefn. Cynhesodd y fam wrth iddi syllu ar ei merch bumlwydd oed ar goll yn ei breuddwydion.

Breuddwydia am bethau braf, 'nghariad bach i, meddyliodd Kim, wrth droi'i sylw'n ôl i'r ffordd o'i blaen.

Diolch i'r drefn na fu'n rhaid i Cadi fach ddioddef yr un boen gorfforol â'i mam. Ond roedd hi wedi rhannu'r boen; wedi gorfod gwrando ar y geiriau wrth i'r dyrnau lawio'n ddidostur ar ei chorff.

"Mae Dadi'n ôl," dywedai Max wrth gerdded drwy'r drws wedi diwrnod yn y cytiau chwys. Swatiai Cadi i'r gornel agosa wrth i'r dyn mawr, llygaid gwyllt, gamu dros y rhiniog.

"Lle mae Mami ddiog? Isio dysgu gwers i Mami ddiog, 'ndoes?"

Ac roedd y wers yn un galed.

Deunaw oed oedd hi pan ffrwydrodd Max i'w bywyd. Roedd hi ar drothwy bywyd coleg, wedi'i chyffroi'n lân wrth i'r dyfodol ymledu o'i blaen. 'Radeg honno, roedd hi'n canlyn efo bachgen pedair ar bymtheg oed o'r enw Gareth Rees, a weithiai mewn banc.

Un digon digyffro oedd Gareth. Doedd o ddim am i Kim, ar unrhyw gyfri, ei adael a mynd i'r coleg. Ond doedd ganddo na'r dewrder na'r wyneb i ddweud ei ddweud yn blwmp ac yn blaen wrthi.

Gwyddai Kim mai dyma ddymuniad Gareth. Roedd hi'n flin am ei fod mor llwfr.

Ac yna, un noson, ar ôl diwrnod diflas arall yng nghwmni Gareth, cyfarfu Kim â'r llosgfynydd o filwr.

Eisteddai Kim mewn lloches fws oer – y waliau wedi'u haddurno gan eiriau o gasineb a chariad.

Leeds are wankers.

Steve 4 Debbie.

Ochneidiodd Kim. Gresyn na fyddai Gareth yn crafu neu beintio neges o'r fath ar gefn rhyw gwt pren yn rhywle er ei mwyn hi.

"Wyt ti'n ormod o seren i fod yn y t'wllwch yma."

Neidiodd Kim. Edrychodd i gyfeiriad y llais. Roedd o'n dal – ymhell dros ei chwe throedfedd – ac yn olygus. Syllodd Kim i fyw y llygaid tywyll a bu bron iddi foddi.

Symudodd ati hi ac eistedd wrth ei hymyl.

"Ga i gynnig gwell na hyn i chdi?" gofynnodd, ei wên yn ddireidus a dirgel.

Roedd Kim yn fwy na pharod i dderbyn y cynnig. Wythnos yn ddiweddarach, wedi tair noson o gyplu ffyrnig efo'r milwr ifanc un ar hugain oed, roedd Kim wedi gadael Gareth yn deilchion.

Fis wedi hynny, torrodd galon ei rhieni pan gyhoedd-odd nad bywyd coleg oedd y bywyd iddi hi.

Chwe mis wedi'r cyhoeddiad hwnnw, roedd Kim yn

wraig tŷ, ei gŵr newydd wedi'i llusgo (nid yn gorfforol, 'radeg honno) i ddinas ddiarth. Doedd y briodas ddim yn un ddelfrydol. Ni fentrodd na'i rhieni nac un aelod arall o'i theulu i'r seremoni. Ond pwy oedd eu hangen nhw?

"Chdi a fi ... dyna sy'n bwysig," meddai o'n ei chysuro ar y noson fawr. "Na i edrach ar d'ôl di."

Roedd o fel llef ddistaw fain ar y dechrau, yn ei hannog i newid ei ffyrdd, i ddewis ei ffrindiau, beth i'w wisgo, *sut* i wisgo.

Ond o fewn ychydig fisoedd diflannodd yr awel ac yn ei lle daeth tywydd garw; a bu'n storm ddiatal ers hynny.

Yr unig gysur oedd cario'r plentyn. Cafodd lonydd rhag y dyrnau dros fisoedd ei beichiogrwydd. Ond wedi iddi esgor ar ferch saith pwys a phedair owns, dechreuodd cenllysg y ffustio drachefn.

Yn y car, ystwythodd Kim ei gwddw. Roedd y lôn yn wag. Bu'n gyrru bellach am bedair awr. Wedi pacio'i bywyd i'r Sierra, doedd 'na ddim bwriad ganddi stopio; dim ond dreifio fel Jehu i fywyd gwell.

Geregryn oedd pen y daith. Geregryn lle y bu Kim yn treulio wythnos werth chweil pan oedd hi'n un ar bymtheg oed. Ei heisteddfod genedlaethol gynta, lle y bu'n rhydd o hualau mam a dad, er i nifer o'i ffrindiau gael galifantio i'r Brifwyl flynyddoedd o'i blaen hi.

Roedd hi wedi teimlo'n chwithig ar ddiwedd yr wythnos honno, ac addawodd iddi hi ei hun y byddai'n dychwelyd yma rywdro.

A rŵan, roedd y 'rhywdro' hwnnw wedi cyrraedd.

Deg milltir yn weddill o'r daith. Ymlaciodd rhyfaint. Gwyddai fod ganddi o leia wythnos nes i'r dyn peryglus a oedd yn ŵr iddi ddychwelyd o Sbaen. Bu yno am bythefnos yng nghwmni rhyw ferch benwan. Byddai'n gwneud hynny'n aml, gan ddychwelyd a'i groen ar dân yn disgwyl bwyd ar y bwrdd.

Pam dw i 'di diodde hyn? holai Kim yn gyson.

Ofn, dyna pam. Roedd o'n ei dychryn.

"Gadael di fi, a mi fydda i ar dy sodla di. A gei di brofi cweir wedyn, siwgwr plwm," rhybuddiai.

Byddai rhywun yn credu fod Kim wedi gweld y gwaetha; ond gwyddai fod gwaeth na hynny o lawer yng nghalon ei gŵr. Roedd na gysgodion tywyll yn ei galon; cysgodion llawer tywyllach na'r rheini a'i gyrrai i ddyrnu'i wraig hyd yn oed.

Gwyddai Kim yn ddi-os y byddai'n ei lladd pe bai'n dymuno.

Ond bu'n rhaid iddi droi cefn yn y diwedd. Yn enwedig ar ôl yr hyn a ddigwyddodd yn y clwb pêl-droed. Y noson ddieflig honno pryd ...

Aeth ias drwyddi wrth gofio'r olygfa. Ysgydwodd ei phen i gael gwared â'r atgof ffiaidd.

Ac yna, daeth rhuo fel rhuo bwystfil i'w chlustiau.

Cipiodd yn y drych. Roedd glas y bore cynnar wedi ei ddisodli gan gysgod tywyll.

"Mam! Ylwch!"

Roedd Cadi ar ei thraed yn syllu drwy'r ffenest gefn.

"Ista, Cadi."

"Mam!"

Dechreuodd y car grynu wrth i'r lori fawr ruthro heibio. Roedd ochr y cerbyd yn fil o liwiau. Troellai'r olwynion mawr gan chwyrnu fel planedau ychydig fodfeddi o ffenest y car wrth i'r anghenfil daranu heibio.

Synhwyrodd Kim ei merch wrth ei hysgwydd. Cipiodd yn y drych. Roedd wyneb crwn Cadi'n syllu ar y lori fawr.

"Gawn ni fynd, Mam?"

Roedd y lori ugain llath o'u blaenau. Sylwodd Kim ar ddrws bychan yn agor yng nghefn y cerbyd a thrwyddo daeth pen clown mawr i'r golwg. Plygodd y clown mawr o'r agorfa. Am yr eildro, aeth ias i lawr asgwrn cefn Kim.

Pwyntiodd y clown yn syth at Cadi a'i mam gan edrych i fyw llygaid y ferch fach.

Rhewodd Kim gan arafu'r car.

Ymestynnodd y bwlch rhwng y ddau gerbyd. Wrth i'r lori ymbellhau, gwelodd Kim fod y clown yn codi llaw arni hi.

2

NID DYMA FYDDAI'R tro cynta i Max Davies ladd.

Ond byddai hon yn well o lawer na'r llall. Roedd hon yn ferch barchus, yn ôl pob golwg beth bynnag. Merch annibynnol – neu falla mai methu cael dyn oedd hi.

Hwren fach stryd gefn oedd y gynta. Chwe blynedd ynghynt, ychydig fisoedd ar ôl priodi. Roedd Max wedi teithio i Amsterdam efo criw o fêts a dod ar ei thraws hi yn ffenest rhyw dŷ, yn ei gwerthu ei hun fel darn o gig.

Ond dyna roedd hi go iawn, meddyliodd rŵan, wrth wyro'n isel yn y cwpwrdd dillad tywyll.

Wedi ffwcio'r slwt yn galed yn ei thin, lapiodd un o'i sannau silc am ei gwddw a gwasgu. Gwasgu nes i'w thafod chwyddo; nes i'r wyneb hyll droi'n las; nes i'r poer lafoerio dros ei gwefusau.

Dymunai ladd er mwyn blasu'r profiad. Dyna pam y teithiodd i'r Iseldiroedd efo'r hogiau; gyda'r un bwriad hwnnw'n crawni yn ei feddwl.

Bu'n ysu cymryd bywyd dynol ers ei arddegau. Wrth gyrraedd ei lencyndod, cafodd fod y pleser a ddeuai o arteithio a lladd anifeiliad yn gwywo; gwyddai y byddai'n rhaid iddo ehangu'i orwelion.

Ac roedd hi'n werth aros.

Roedd wedi syllu ar gorff yr hwren am chwarter awr, yn ferw o chwys, cyn cymryd mantais ohoni'n gelain yn yr un modd ag y cymerodd fantais o'i chorff byw ychydig yn gynharach.

Byddai hyn yn ganmil gwell. Gwyddai enw hon. Gwyddai rhywfaint am fywyd hon. Roedd 'na fwy na chig ac asgwrn anhysbys fan hyn. Roedd 'na enaid yma; emosiynau ac adnabyddiaeth.

Yn nhywyllwch y cwpwrdd dillad ymbalfalodd am ddefnydd bras ei fag offer, lle y gorweddai'r morthwyl, hoelion, lli a'r dril trydan.

Yn ara deg, agorodd ddrws y cwpwrdd. Syllodd i'r fflat. Edrychai fel pe bai corwynt wedi'i daro. Roedd Max wedi rhwygo'r lle'n deilchion cyn camu i gynhesrwydd diogel y cwpwrdd dillad i aros am y perchennog.

Daeth o hyd i'r hyn a chwiliai amdano yng ngwaelod drôr llawn papurau o bob math.

Hawdd fyddai cerdded oddi yma a throi cefn ar y dinistr cyn iddi ddychwelyd, ond roedd ganddo esgus i gosbi'r ast.

Rhag ei chywilydd hi'n cuddiad y fath beth; yn cadw'r wybodaeth rhagddo. Pwy ar wyneb y ddaear oedd hi'n feddwl oedd hi? Doedd hi'n haeddu dim llai na'r gosb eitha.

Clywodd sŵn drws yn agor. Swatiodd i'r cysgodion. Drwy gil y drws gwelodd ei choesau llyfn. Daeth cyffro i'w drowsus.

Pishyn, meddyliodd. Ac yn gwybod hynny.

Blasodd ei dychryn. Clywodd y dagrau o anobaith wrth iddi weld y llanast. Sawrodd yr ofn ac yna, rhuthro o'i guddfan.

"M ... Max?" meddai Jemma Roberts yn ddryslyd, dagrau a dychryn yn un ar ei hwyneb. Cyn iddi amgyffred yr hyn a oedd yn digwydd, daeth morthwyl Max i gysylltiad a'i thalcen.

Gwyliodd wrth i Jemma ddod ati ei hun. Rhedodd ei law i fyny ac i lawr ei chlun. Roedd y cnawd lliw coffi'n gynnes ac yn groesawgar.

Sgytiodd y ferch yn ei chlymau.

"Gad fi'n rhydd, Max!" mynnodd, y rhaffau'n brathu i'w garddyrnau a'i fferau.

"Twt lol, Jemma," dwrdiodd. "Paid â cholli dy ben."

"Be ti'n neud?" gofynnodd y ferch, dychryn yn ei llais.

Safodd Max a throi'i gefn arni.

"Wyt ti 'di bod yn hogan ddrwg, Jemma, yr hen jem."

"Max …"

"Ddois i adra heddiw ar ôl treulio cyfnod yn yr haul."

"Hefo rhyw hwran fach tra bod dy wraig –"

Trodd Max fel mellten, ei lygaid yn ffyrnig. Gwthiodd ei law yn frwnt dros geg Jemma.

"Cau dy geg, yr ast, a gwranda ar dy well!"

Rhewodd Jemma. Nodiodd.

"Dw i'n gweithio'n galed i roi bwyd yn stumoga'r ddwy, dillad ar 'u cefnau nhw. A dw i'n haeddu brêc bob hyn a hyn. Yn anffodus gesh i lond bol ar y cwmni. A dyma fi'n penderfynu dŵad yn ôl i gôl fy nheulu. Ond be ffendish i wrth gerdded drwy'r drws?"

Arhosodd am ateb.

Ysgydwodd Jemma ei phen.

"Gwacter. Tŷ heb wraig. Nac eiddo gwraig," meddai'n dawel, yn ddryslyd bron. Ond yna, gan osod ei geg yn dynn wrth glust Jemma, bloeddiodd:

"FY EIDDO I!"

Sgrechiodd Jemma a thynnu'i hanadl wrth i'r waedd hollti einion ei chlust.

"Wedi mynd. Wedi diflannu. Heb na siw na miw."

Eisteddodd Max ar ymyl y gwely. Rhwbiodd ei law dros ei chlun eto. Teimlodd y ferch yn tynhau.

"A dyma fi'n meddwl: pwy fasa'n plannu'r fath wenwyn ym mhen Kim bach fi? Jemma, yr hen jem, medda fi. A dyma ni."

"Mae hi well off hebdda chdi!" mentrodd Jemma'n ddewr.

Waldiodd Max ei boch â chefn ei law a theimlodd y gwaed cynnes yn llifo dros ei chroen lle y'i rhwygwyd gan ei fodrwy drom.

"Hen ast wyt ti, Jemma," meddai Max, ei lais yn ddigynnwrf. "Ac ar byliau dw i 'di meddwl dysgu gwers i chdi. Ond i ba bwrpas? Ast unwaith, ast fyth."

"Dw i'm yn gwbod lle'r aeth hi, Max," ymbiliodd Jemma.

"O, twt lol. Paid â deud anwiredd, Jemma, yr hen jem. Yli di hwn."

Aeth Max i boced ei jîns ac estyn darn papur.

"Na! Bastad!" Stranciodd y ferch.

Darllenodd Max y papur â gwên ar ei wyneb. "Cyfeiriad. Rhif ffôn. Dw i'm yn meddwl y g'na i ffonio. Syrpreis fisit, fel petai."

Cyrcydiodd wrth ymyl y gwely. Clywodd Jemma sŵn clancio wrth iddo dyrchu yn ei fag. Symudodd Max y cwpwrdd bach wrth ochr y gwely o'r neilltu a thynnu plwg y lamp o'r soced ar y wal. Gwyliodd y ferch â llygaid gwyllt, wrth i Max wthio plwg arall i'r tri thwll.

Ac yna, clywodd sŵn hymian gwallgo, fel pe bai haid o wenyn blin yn yr ystafell wely.

Dechreuodd sgrechian pan safodd Max yn gawr uwch ei phen â'r dril yn canu ei galarnad yn ei law.

3

SUDDODD Y NODWYDD i'r wythïen. Dihangodd y gwaed o'r fraich a rhuthro i'r hypodermig. Ond gorfodwyd yr hylif sgarlad yn ôl i'r cnawd, ac yn ei sgîl, y cyffur.

Trodd Nathan Stevens i wynebu wal y neuadd gymuned. Strymiodd gord cythryblus ar y gitâr drydan.

"Cana gân i ni, Nathan," ymbiliodd Cathy Lovell, ei llais yn nofio wrth i'r heroin gydio ynddi.

"Ia, t'laen Costello. Rho un o dy gyfansodd ..." bu'n rhaid i Robbie Richards arafu hanner ffordd drwy'r gair. "... iadau i ni."

"Costello?" gofynnodd Cathy.

"Arwr Nathan: Elvis Costello," esboniodd Robbie.

"Nid *Abbott and Costello*," meddai Cathy. Dechreuodd hithau a Robbie chwerthin yn afreolus wrth i'r cyffur eu meddiannu.

Safodd Nathan ar ei draed. Roedd o wedi cael llond bol ar y ddau. Bob tro y byddai'r *Jennifers* yn ymarfer, roedd Robbie a hithau'n difetha pob dim drwy gymryd yr heroin diawl 'na.

Difetha pob dim.

Roedd croeso i Cathy a Robbie wneud fel ag y mynnon nhw yn y fflat dwll tin 'na lle trigai'r ddau; rhwydd hynt iddynt bwmpio unrhyw gachu i'w gwythiennau os dyna'u dymuniad. Ond amser Nathan oedd hwn; amser y band.

Roedd hyn yn bwysig i'r gitarydd chwech ar hugain

oed. Aberthodd gymaint er mwyn y freuddwyd; breuddwyd oedd yn gwywo.

Nid yr enwogrwydd oedd yn temtio Nathan; y gydnabyddiaeth oedd yn cyfri. Rhywun i glodfori'i ganeuon, ei berfformiadau, ei ddoniau fel cerddor.

Wedi tair Lefel A, trodd ei gefn ar fywyd mewn prifysgol i ddilyn ei seren bersonol. Treuliodd gyfnodau yn Llundain a Manceinion yn perfformio efo llu o grwpiau amheus mewn canolfannau saith gwaith gwaeth.

Cafodd gynnig sesiynau recordio mewn ambell stiwdio ac roedd ei enw ar gasetiau sawl canwr a chantores eilradd.

Dair blynedd yn ôl, dychwelodd i Geregryn; a fan'no roedd o byth.

Ffrwydrodd atsain y drymiau o un wal i'r llall. Edrychodd Nathan i gyfeiriad Huw Lewis, wyneb hwnnw'n goch ac yn flin.

"Be sy'n digwydd? 'Dan ni'n practisio ta be?"

Chafodd Huw ddim ateb. Taflodd ei ffyn-drymiau o'r neilltu a rhegi dan ei wynt.

Dechreuodd Nathan bacio'i gêr. Doedd 'na ddim pwynt aros bellach. Roedd y gantores a'r baswr ar blaned bell i ffwrdd. Ciledrychodd Nathan ar y ddau yn giglan yn eu byd bach personol. Am eiliad teimlodd genfigen.

Y fo ddaeth â Robbie i'r band. Y fo a ddywedodd "Robbie, Cathy; Cathy, Robbie." Yn ddiarwybod i Nathan, roedd y newydd-ddyfodiad i Geregryn yn ddyn busnes; busnes anghyfreithlon, ia, ond o leia roedd ganddo arian yn ei boced.

Ecstasi, heroin, amffetamin, canabis: dyna fywoliaeth Robbie; a dyna gynhaliaeth Cathy – yn enwedig y *Smack*. Ac yn ei gwmni roedd ei hawydd yn cael ei fwydo; a'r gost yn gnawdol yn hytrach nag yn ariannol.

Gobeithiai Nathan yn ei galon y byddai Robbie'n cael

ei gornelu gan y copars, a byddai'n fwy na bodlon i gario straeon ei hun oni bai amdani hi. Er cymaint gas ganddo'r hyn oedd hi, roedd o'n meddwl y byd o'r hyn a fuodd hi. A dyna'r oedd o'n ceisio'i gofio'r dyddiau 'ma.

Caeodd Nathan y cas gitâr a cherdded at y ddau ar y llawr. Roedden nhw'n dawel rŵan, y cyffur yn nofio drwy'u gwaed. Safodd uwchben Cathy. Roedd llinynnau o wallt du yn sleifio dros ei hwyneb gwelw.

Ond rwyt ti'n dal yn ddigon o sioe, meddyliodd Nathan.

Agorodd ei llygaid. Roeddan nhw'n sgleinio.

"Dwy ti'm yn mynd, cariad bach?" gofynnodd, ei throed yn llithro i fyny'i goes.

"Aros i rannu peth o'r hwyl efo ni, Costello," meddai Robbie. Syllodd Nathan yn ddirmygus arno, ac yna yn ôl ar Cathy.

"Gobeithio byddwch chi'n hapus efo'ch gilydd, y ddau ohonach chi," meddai wrthi.

"Mi fyddwn ni. Wrth ein boddau," meddai Robbie.

Trodd Nathan arno'n flin. "Do'n i'm yn sôn amdana chdi'r coc oen." Edrychodd i'r llawr a chicio'r chwistrellydd yn erbyn wal y neuadd gan ei falu'n dipiau.

4

SGRECHIODD Y BACHGEN wrth i'r dentacl fawr binc ei lusgo tuag at y pydew. Cydiodd yn yr aelod a lapiai fel braich am ei ganol. Tynnodd ei law o'r neilltu fel pe bai'r croen yn cario trydan: roedd y neidr hir a ymestynnai o'r twll diwaelod yn seimllyd ac yn oer. Trodd y bachgen i gyfeiriad y gynulleidfa a oedd yn gwylio'r sioe – haid o greaduriaid na welodd eu tebyg yn ei fyw; yn ddynol, ie; ond eto'n gymaint o bethau eraill yn ogystal. Roedd nifer fel pe baent wedi eu hesgor o gyplu annaturiol dyn ac aderyn, wedi eu gorchuddio gan blu, neu big yn ymestyn o'u hwynebau; eraill â'u croen yn gen drosto fel cnawd pysgodyn; un heb ben ond â dwy lygad, dwy ffroen a cheg llawn dannedd miniog a thafod hir yn rhan o'r torso anferthol; sawl un â chynffonnau'n chwipio'r tu ôl iddyn nhw; ac ambell gorff adeiniog. Gallent fod yn swynol bron, oni bai eu bod mor ddychrynllyd. Ac roedd y dyrfa ddicllon yn chwerthin wrth i beth bynnag a drigai yn y dyfnder lusgo'r bachgen i'w gôl erchyll.

Gwaeddodd eto, yr ogleuon ffiaidd o'r ceudwll ofnadwy'n gwthio i'w ffroenau; arogl drwg, pydredig. Fe'i llusgwyd at ymyl y pydew. Gwrthododd syllu ar y bwysftil islaw. Ond daeth tentacl deneuach a chofleidio'i ben; gan ei droi i gyfeiriad y dyfnder.

Aeth y sgrech yn wich pan welodd ei heliwr. Ac roedd y gynulleidfa'n frwd eu cymeradwyaeth. Ond drwy'r sŵn daeth llais tyner; llais merch yn galw ei enw ...

"Richard! Richard! Deffrwch rŵan!"

Agorodd ei lygaid. Gwelodd wyneb ifanc Sharon Owens yn syllu arno. Daeth ato'i hun, yr anadlu'n llai afreolus, y galon yn tawelu, y corff yn llacio.

"Dyna fo. Hen freuddwyd, ia?" gofynnodd y nyrs ifanc gan droi oddi wrtho a chodi'r hambwrdd o'r bwrdd wrth ochr ei wely. Eisteddodd y ferch ar erchwyn y gwely, ei gwisg wen yn craclian wrth iddi blygu.

Gwelodd Richard Jones y tabledi lu ar yr hambwrdd.

"Ia, amser ffisig," meddai Sharon. "Sut ydach chi bore 'ma? 'Rhen freuddwydion 'ma'n annifyr yn ddiweddar, yn tydyn?"

Nodiodd yr hen ddyn.

Gafaelodd Sharon mewn tabledyn melyn; *Paroven*, i drin chywddo'r gwythiennau. Rhoddodd y bilsen ar flaen ei dafod a chodi ei ben a'i llaw rhydd cyn cynnig dŵr iddo. Llyncodd, a disgwyl y gweddill.

Roedd o'n nabod y tabledi fel pe baent yn deulu: *Suscard Bucal*, tabled wen i'w chymryd deirgwaith y diwrnod i drin llid y gwddf; *Kalium Phosphoricum* nesa, i drin nerfusrwydd ac iselder ysbryd.

Roedd Richard Jones, heb os, yn ddyn nerfus iawn; yn enwedig yn ddiweddar. Dychwelodd y breuddwydion ryw bythefnos ynghynt, am y tro cynta ers canrif.

Melltithiai pa bynnag dduw oedd wedi caniatáu iddo fyw hyd ei ben blwydd yn gant a deuddeg oed. Pe bai wedi cael y dewis, byddai Richard Jones wedi marw'r adeg honno; yr eiliad erchyll honno.

Ond roedd 'na fwriad i'w fywyd; pwrpas i'w fodolaeth. Roedd 'na rhywbeth yn ei gynnal, rhyw rym anweledig; ac nid grym iachus, llawn daioni mohono chwaith.

Fe ddichon bod yr erchyllterau a reolai ei fywyd wedi sicrhau bod gwaed yn llifo a chalon yn pwmpio; wedi sicrhau bod rhywun wrth law pan rwygodd y llafn ar draws yr arddwrn; pan dynhaodd y rhaff am y bibell wynt; i'w wthio o'r neilltu wrth i'r bws ruo tuag ato. A thrwy gydol hyn roedden nhw'n chwerthin. Gwyddai hynny; clywai eu digrifwch.

Gwyliodd wrth i Sharon blygu a gosod yr hambwrdd ar lawr wrth ddrws ei ystafell yn Nhegfan, y cartre a fu'n drigfan iddo ers trideg a phump o flynyddoedd – cyn i'r nyrs yma gael ei geni hyd yn oed.

"Wna i banad i chi rŵan," meddai Sharon.

Ceisiodd sibrwd diolch, ond rhewodd wrth i'r ystafell droi'n enfys o liwiau. Llifodd y chwys, gwaniodd ei bledren. Ymdrechodd i rybuddio'r nyrs ifanc.

Boddwyd yr ystafell gan donnau o goch, glas a melyn, yn troi ac yn ymweu driphlith draphlith drwy'i gilydd. Ac yna, yn dawdd o'r nenfwd, dechreuodd dyn ymffurfio. Ei goesau i gychwyn; yna'i dorso a'i ben.

Glaniodd ar lawr yr ystafell a lapio braich yn dynn am wddw'r nyrs.

Stryffagliodd honno.

"Tro byd, Richard," meddai'r dyn gan wenu. Roedd ei ddannedd yn wyn o dan y barf brith taclus. Sgleiniodd y llygaid duon. Efo'i law rydd aeth i mewn i boced ei gôt hir, goch ac estyn cyllell anferthol.

"Deud ta-ta wrth siwgwr candi," meddai'r dieithryn a rhedeg llafn y gyllell yn hytraws dros wddw Sharon. Llifodd y gwaed dros ei gwisg wen. Tagodd y ferch a syrthio'n llipa ar y llawr.

"Dwy ti'm yn falch o 'ngweld i, Richard?"

Camodd y dyn at y gwely, y gyllell yn ei law chwith, gwaed ffres yn drip-dripian yn sgarlad oddi ar y llafn arian.

Rhewodd Richard. Roedd ei anadl yn fyr. Cydiodd yn ei frest wrth i'r galon daro'n wyllt-wirion. Roedd ei ben yn brifo wrth i'r lliwiau llachar chwipio mynd.

"Braf gweld hen ffrindiau," meddai'r dyn gan osod llaw oeraidd ar dalcen yr henwr.

Caeodd Richard ei lygaid. Ceisiodd sgrechian ond ni ddeuai'r un sŵn. Teimlai'r llaw ar ei dalcen a'r dieithryn yn galw: "Richard! Richard! Richard!..."

Agordd ei lygaid.

"Richard! ... Richard!" galwai Sharon a thinc o ofid yn ei llais.

Am yr eildro ar ôl hunllef, roedd wyneb cysurus y nyrs yno'n syllu arno. Roedd yr ystafell yn llonydd. Tawelodd ei anadl, ymlaciodd ei gorff, ond gallai Sharon weld y dychryn yn ei lygaid o hyd.

"Be sy'n bod?" holodd.

"Maen nhw'n ôl," crawciodd.

5

DIM YN DDRWG, meddyliodd Kim wrth droi i Lôn Fudr. Rhyfedd ei bedyddio â'r enw hwnnw; roedd hi'n lân ac yn daclus. Deuddeg o dai. a'r rheini'n dai teras modern ac yn amlwg yn gartrefi i drigolion a ofalai amdanynt. Roedd y gerddi bychain a'r llwybrau cul yn drwsiadus; y ffenestri'n lân a'r drysau'n brolio côt o baent aml.

"Dan ni yma, Mam," meddai Cadi o gefn y car.

"Yndan. Lôn Fudr."

"Nacdi ddim," meddai'r ferch fach yn ddryslyd.

"Na," chwarddodd Kim yn ysgafn, "Dyna 'di enw'r lôn."

"Enw rhyfadd. Pam rhoid enw rhyfadd ar y lôn, Mam?"

"Dwn i'm, cariad. Ella g'neith rhywun ddeud wrtha chdi. Fydd rhywun yn siŵr o wybod."

Roedd y cymdogion eisoes yn gwybod fod Kim wedi cyrraedd. Gwelodd sawl llen yn sisial symud wrth iddynt giledrych ar y newydd-ddyfodiaid.

Parciodd y car y tu allan i rif 9. Tŷ rhent oedd o ac ni chafodd Kim gyfle i weld y lle cyn hyn. Roedd yr asiantaeth dai leol wedi'i sicrhau ei fod yn dŷ gwerth chweil, mewn cyflwr da ac mewn safle gwych.

Digon gwir. Camodd allan o'r car, a dilynnodd Cadi. Cerddodd i ben y lôn. Roedd Geregryn yn garped o'i blaen. Pwysodd ar y ffens a sugno aer i'w hysgyfaint wrth gynefino â'r olygfa. Roedd llwybr bychan yn arwain i lawr o'r Lôn Fudr at adeilad mawr newydd yr olwg; canolfan

chwaraeon. Tu hwnt i hwnnw roedd y dre. Syllodd Kim
i'r awyr las a mwynhau'r awel ffres a lifai dros ei hwyneb.

"Gawn ni chwarae tenis, Mam?" gofynnodd Cadi, wedi
mynd rownd y ffens ac eistedd ar ben y llwybr.

"Cawn siŵr o fod. Ar ôl i ni ddadbacio," meddai Kim
wrth ddilyn edrychiad ei merch a sylwi ar griw o bobol
yn eu gwyn yn chwarae ar un o dri chwrt concrid wrth
ymyl y ganolfan islaw.

Trodd Kim yn ôl i gyfeiriad y car a gwelodd y dyn yn
cerdded tuag ati. Am eiliad, rhewodd yn ei hunfan.

Paid â bod yn ddwl; yn Sbaen mae o, dwrdiodd ei hun.

Ond roedd 'na debygrwydd: y gwallt du gwyllt. Twt-
twtiodd ei hun am fod mor benwan. Roedd o'n gwbl
wahanol i Max; yn fyrrach, yn gulach. Ond be am y
llygaid? Gobeithiai fod ei lygaid yn dynerach na'r rhai
ffyrnig a syllai arni cyn cweir. Crynodd er bod yr hin yn
eithaf mwyn.

Roedd o'n cario cas gitâr.

Cododd ei ben a syllu arni. Gwenodd. Roedd y wên yn
gynnes, ond roedd 'na dristwch y tu cefn yno'n rhywle;
a'r llygaid? Diolch byth, yn groesawgar.

"Helô," meddai'r dieithryn.

"Helô."

"Ar goll?"

"Na," meddai Kim. "Symud i mewn."

Pwyntiodd i gyfeiriad y car coch.

Bywiogodd wyneb y dyn ifanc.

"O, chdi di'r tenant newydd. Nathan Stevens," meddai
gan gynnig ei law. "Ni sy'n byw drws nesa." Nodiodd ei
ben i gyfeiriad rhif 11, y tŷ ar y pen.

Ysgydwodd Kim ei law a chyflwyno'i hun. Ni,
meddyliodd. Cwpwl ifanc. Braf cael rhywun o'r un oed o
gwmpas. Ella fod ganddyn nhw blant tua'r un oed â Cadi?

Ac ar y gair.

"Helô," meddai'r llais bach swil o'r tu cefn iddi.

"Helô, madam," meddai Nathan, gan blygu ar ei gwrcwd. "Nathan dw i," meddai gan gynnig ei law.

Edrychodd Cadi ar ei mam. Nodiodd Kim. Ysgydwodd Cadi law y dieithryn.

"Cadi 'di hon," meddai Kim.

"Pam dach chi'n galw hon yn Lôn Fudr?" holodd Cadi.

"Hen bobol flêr 'dan ni," meddai Nathan.

Edrychodd Cadi'n boenus arno.

Chwarddodd Kim yn ysgafn. "Tynnu dy goes di mae o."

"Dw i'n gwbod pam mai lôn ydi hon, ac nid stryd," cynigiodd Nathan. "T'isio clywad pam?"

Nodiodd y ferch fach.

"Ganrifoedd yn ôl, roedd 'na frenin o'r enw Harri'r Cynta. Roedd hi'n gyfraith gynno fo bod stryd yn ddigon llydan i ddwy drol neu i un ar bymtheg o farchogion symud ochor yn ochor ynddi. A mi oedd lôn, fel hon," meddai gan gyfeirio at gartre newydd y ferch, "yn ddigon llydan i ddau ddyn rowlio casgen win rhyngddynt ar ei hyd."

Gwenodd Kim. Roedd o'n dad da i'w blant, siŵr o fod. Roedd o wedi siarad yn fwy efo Cadi mewn byr o dro nag a wnaeth Max o'r diwrnod y ganed hi. Daeth rhyw dristwch drosti. Pam na chafodd hi gyfarfod â rhywun fel hwn. Dwrdiodd ei hun yn syth am feddwl mor ddwl.

"Be 'di hwnna?" gofynnodd Cadi gan gyfeirio at y cas.

"Gitâr 'di hwn."

"Ga i weld?"

"Dw i'n siŵr fod Mr Stevens ..." cychwynnodd Kim.

"Nathan. Plîs. Nathan," meddai, yn syllu i fyw ei llygaid, ei drwyn wedi crychu wrth iddo wynebu'r haul.

"Nathan. Dw i'n siŵr fod Nathan yn ddyn prysur."

"Os dwyt ti'm yn meindio," meddai wrth Kim.

Cododd y ferch ei sgwyddau.

Agorodd y cas ac estyn y gitâr Yamaha semi-acwstig

o'r lledr du. Dechreuodd chwarae ambell i gord, aeth y cordiau'n diwn.

"Wyt ti am ganu?" gofynnodd Nathan.

Nodiodd Cadi ei phen, gwên swil ar ei hwyneb.

"Tyd laen. Hefo fi."

Yn ysgafn, dechreuodd Nathan ganu 'Gee Ceffyl Bach' ac wedi ychydig ansicrwydd ymunodd Cadi yn y gân. Gwenodd Kim ar y ddau, rhyw fodlonrwydd yn setlo yn ei bron.

"Mae o'n gwrthod canu am ddim fel arfer."

Trodd Kim tuag at y llais. Daeth gwraig olygus, ganol oed o rif 11. Roedd hi'n gwisgo crys gwyn oedd yn llawer iawn rhy fawr, smotiau o baent pob lliw drosto fel sêr yn yr awyr. Roedd ei gwallt yn ddu fel gwallt Nathan, ond bod ambell i strimyn brith yn torri ar y tywyllwch sidanaidd.

Cerddodd i lawr y llwybr yn rhwbio'i dwylo â chadach.

"Rhiannon Stevens," meddai'r wraig gan estyn llaw.

"Kim. Kim Davies. A Cadi," meddai'r ferch, gan edrych ar ei hogan fach a oedd yn canu deuawd tawel efo'r dyn ifanc.

Stopiodd y canu a chododd Nathan ar ei draed.

"Kim a Cadi 'di'n cymdogion newydd ni," meddai wrth y wraig.

"Braf gweld y tŷ'n cael ei ddefnyddio. Fuo fo'n wag ers tro, rŵan," meddai Rhiannon. "Os dach chi isio help llaw i ddadbacio, fysa Nathan a finna'n fwy na pharod i helpu. Yn basan, Nathan?"

"Fwy na pharod," ategodd hwnnw'n gwenu ar Cadi wrth i'r ferch fach blycio'n ddi-diwn ar linynnau'r gitâr.

"Does gynno ni fawr i 'neud a deud y gwir," meddai Kim yn nerfus, gan osgoi manylu ynglŷn â'u rhesymau dros symud, yn synhwyro y byddai'r fath gwestiynau'n codi pen cyn hir.

"Neis i'ch cyfarfod chi," meddai gan gymryd llaw Cadi a'i harwain tuag at y car. "Deud diolch, Cadi."

"Diolch, Nathan," meddai.

Bowiodd y dyn ifanc.

"Rhaid i'r ddwy ohonach ddŵad draw wedyn. Cofiwch roi cnoc," meddai Rhiannon wrth i Kim a Cadi fynd dros riniog eu cartre newydd.

Cyn cau'r drws, syllodd dros ei hysgwydd. Roedd y wraig yn cerdded yn ôl am ei drws ffrynt gan chwerthin yn ddireidus, y dyn ifanc y tu ôl iddi a'i ddwylo ar ei sgwyddau yn ei ffug-sgytian.

Suddodd calon Kim.

6

TEIMLAI JAMES LEWIS fel cowboi dewr oedd newydd gyrraedd tre ddwy a dimai ar gyrion y Gorllewin Gwyllt.

Llosgodd yr haul ar y paith sych; chwythodd y gwynt ysgafn drwy'i wallt tenau. Roedd o'n hanner disgwyl i'r dyn mewn du gamu o'r lori fawr liwgar, sigâr rhwng ei wefus filain a dau Colt .45 yn llechu'n fygythiol ar ei gluniau.

Ond ni fyddai rhithyn o ofn ar gyfyl calon James Lewis.

"Estyn dy wn," meddai mewn llais fel y dur.

Ond cyn i'r slafan drwg danio'r un ergyd, byddai llaw chwim y cowboi het wen wedi chwipio'r pistol o'i holster a danfon bwled marwol i dalcen chwyslyd ei elyn.

Edrychodd ar ei fwts cowboi â suddodd ei galon yn syth. Nid arwr oedd James Lewis. *Breuddwydiai* am fod yn arwr wrth wylio'r *Westerns*; ond, fel y gwyddai'n iawn, swyddog cynllunio di-nod mewn tre ddi-nod yn dilyn bywyd di-nod ydoedd mewn gwirionedd.

Safai ar y comin yn cysidro'i eiriau. Doedd o ddim am fod yma, ond cafodd orchymyn gan y prif swyddog cynllunio. Roedd y syrcas wedi ymsefydlu ar y comin heb ganiatâd gan yr awdurdod lleol. Ac roedd hynny'n bechod gwaeth na phechod Cain.

Roedd yn gas gan James orfod wynebu sefyllfa o'r fath. Fel arfer roedd y rheini a âi'n groes i gyfreithiau cynllunio yn bobol filain, ddidostur; pobol fyddai'n rhegi a rhuo ar unrhyw swyddog anffodus a feiddiai awgrymu eu bod yn torri'r gyfraith.

O na fyddai o'n hanner y dyn y bu John Wayne neu Clint Eastwood. Wedyn fe gâi drin y dynion drwg â dirmyg. Ac yn bwysicach o beth coblyn na threchu'r gelyn, câi ennill y ferch dlws.

Ia, merched tlws.

Dyna oedd gwir gyffur James Lewis: eu sugno i'w wythiennau; gadael iddyn nhw nofio yn ei waed; llusgo eu haroglau i'w ffroenau; meddwi ar dynerwch eu cnawd.

Byddai bob amser mewn cyflwr o berlewyg ac yntau yng nghwmni'r rhyw deg.

Merched tlws o bob oed.

A Penny'n ddall i hyn oll. Yr hen Penny driw. Roedd honno'n dlws hefyd, ond roedd amrwyiaeth yn bwysig i ddyn. Ac roedd ganddo'i lygaid ar wraig arbennig ar hyn o bryd. Dynes ganol oed; olygus, ddeallus, sengl.

"Bore hyfryd."

Llusgwyd James o'i synfyfyrio gan y llais melfed.

Camodd y dyn tal o ddrws yn y lori fawr liwgar.

"Ydach chi am sefyll yn fan 'na fel delw drwy'r dydd," meddai wrth y swyddog cyngor.

Cerddodd James tuag at y dieithryn tal. Roedd gwên lachar hwnnw'n groesawus. Mwythodd ei farf taclus rhwng bys a bawd.

"Bore da ..." dechreuodd y swyddog cyngor.

"Dowch i mewn, dowch i mewn. Well gen i drafod busnes dros lymaid. Be ddudwch chi?"

"Wel ... ym ..."

"Twt lol. Does dim isio bod yn swil, nacoes? Dach chi ymysg ffrindiau."

Cynigiodd y dyn tal ei law. Wrth i'w fraich ymestyn tuag ato, cafodd James gip ar y wasgod liwgar a wisgai. Nofiodd y lliwiau llachar yn hudolus, a daeth pendro ar James.

"Theodric," meddai'r dieithryn.

"James Lewis."

Ysgydwodd y dynion ddwylo. Roedd gafael y dyn yn gadarn, ei groen yn oer, a chrynodd James wrth i'r cnawd wasgu am esgyrn ei law yntau.

Ystafell Theodric, mae'n rhaid, meddyliodd James wrth edrych o'i gwmpas. Eisteddodd Theodric wrth fwrdd derw enfawr, ac ar y muriau o'i gwmpas roedd posteri o bob lliw a llun, a phob iaith dan haul.

"Dach chi 'di teithio yn o helaeth," meddai James.

"Rownd y byd, James bach, rownd y byd."

"Fuo chi'm yng Ngeregryn o'r blaen. Dim i mi gofio."

"Ar y cyrion. Flynyddoedd yn ôl. Cyn ych geni chi, siŵr o fod," meddai Theodric yn dychwelyd o'r gegin gan gario dwy gwpan fechan. Codai'r stêm o'r cwpanau fel dwy ferch yn dawnsio.

"Darjeeling," meddai'r dyn syrcas gan osod cwpan o flaen James. "Te hynod flasus."

Cymysgodd arogl yr hylif o'i flaen â'r persawr hyfryd a grewyd gan y mygdarthu. Daeth blinder dros James. Nid y blinder annifyr hwnnw a ddaw o achos diffyg cwsg, ond blinder peraidd: blinder y breuddwydion gorau posib; blinder marw'n dawel.

"Sut fedrwn ni fod o gymorth?" gofynnodd Theodric wrth yfed o'r gwpan.

"Wel, ym, mae arna i ofn y bydd yn rhaid i chi symud ych cerbyd oddi ar y comin."

"Nefoedd! Pam felly?" Roedd syfrdan tyner yn llais Theodric, fel plentyn oedd wedi camfihafio heb fwriadu.

"Rheolau cynllunio. Y cyngor bia'r darn tir 'ma ac mae gofyn i chi gael caniatâd cyn sefyll yma."

"Wel mi ofynnwn ni'ch caniatâd chi, felly," gwenodd y dyn gan roi dwy law gadarn ar sgwyddau James.

Neidiodd hwnnw rhyw ychydig, a thynnu'n ôl o gyffyrddiad y dieithryn.

"Wel, ym, dydi pethau ddim cweit mor syml â hynny,"

meddai James, yn falch fod dwylo Theodric yn rhydd o'i gorff.

"Bob dim yn syml, dim ond i ni gydweithredu, gyfaill," meddai Theodric gan godi o'i eistedd. Wrth iddo droi rownd, ffliciodd y gynffon hir o wallt brith oedd wedi'i glymu y tu ôl i'w gefn fel chwip am drwyn James. Osgôdd hwnnw'r cyffyrddiad. Anadlodd yn drwm fel pe bai wedi osgoi brathiad marwol neidr wenwynig.

Aeth Theodric at ddrws ym mhen pella'i stafell liwgar.

"Dw i am i chi gyfarfod â rhywun," meddai gan agor y drws.

Trodd cyhyrau James yn glai. Gwibiodd cannoedd o loÿnnod byw o gwmpas ei stumog. Rhuthrodd ysfa i'w geilliau.

Roedd y tair merch yn noeth oni bai am dlysau o gwmpas eu gyddfau, eu garddyrnau a'u fferau. Ategodd y paent ar eu hwynebau at eu tlysni cynhenid: eu gwefusau'n sgarlad, eu llygaid wedi'u peintio'n las a gwyrdd.

Syllodd yn nwydus ar y cyrff siapus, y cnawd yn sgleinio yng ngolau gwan yr ystafell.

Roedd darluniau o adar a dreigiau a theigrod wedi'u darlunio'n gelfydd ar freichiau, stumogau, coesau a bronnau'r genethod.

"Roxana, Jasmin a Larissa. Y tair acrobat," meddai Theodric o gefn yr ystafell, ac yna, gan wincio, ychwanegodd: "A dw i'n ych sicrhau chi, James: maen nhw'n *goblyn* o acrobatig."

Ac yng nghornel bella'i feddwl, clywodd James y drws yn cau.

Tynhaodd ei gorff wrth i ddwylo cynnes dynnu ar ei ddillad, wrth i dafodau llaith lyfu ei gnawd, wrth i beraroglau o erddi'r nefoedd oglais ei ffroenau.

7

CHWYDODD CARWYN MORGAN yn felyn wrth odre'r goeden.

Canodd y chwerthin yn ei glustiau.

Trodd y bachgen i gyfeiriad y sŵn. Yn eistedd ar fwrdd pren yn y llannerch roedd Iolo Phillips a Cristian Lewis yn smocio'n hapus. Chwythai'r ddau fwg glas o'u sgyfaint, y stribedi'n ymestyn i ddail y coed uwch eu pennau.

"Ffiaidd," tagodd Carwyn, gan sefyll yn syth a phwyso'n erbyn rhisgl garw'r goeden. "Ieuan nesa," meddai, gan ei wthio'i hun oddi wrth y goeden.

Trodd y ddau arall i wynebu'r hogyn a wisgai sbectol trwchus.

"Ia. Ty'd laen, Sbectols," pryfociodd Iolo gan neidio oddi ar y bwrdd.

"N ... na. G ... gen i annwyd," meddai Ieuan, a thagu'n wantan.

"Y pwff," dwrdiodd Iolo, y talaf a'r cryfaf o'r pedwar, bron yn bedair ar ddeg ac yn gwbl bendant ei fod yn ddyn.

Neidiodd Iolo am ben y bachgen sbectol. Criodd hwnnw wrth geisio'i amddiffyn ei hun. Ond roedd Iolo'n rhy gry a phwysodd sgwyddau Ieuan i'r gwellt tamp gyda'i ddwy benglin. Roedd ei din ar frest y bachgen lleia. Llithrodd hyd gorff Ieuan nes ei fod yn eistedd ar ei wyneb.

"Ti'n barod, Sbectols?" gofynnodd wrth i'r llall stryffaglio.

Rhechodd Iolo yn wyneb Ieuan.

Dechreuodd chwerthin a rowliodd oddi ar ei sglyfaeth.

"Bastad!" tagodd Ieuan. "Bastad!"

"Paid a rhegi, Ieu. Neu mi ddudan ni wrth dy Dad," bygythiodd Carwyn, fynta'n ymuno yn yr hwyl. "Be ti'n ddeud, Cris?"

Ond doedd Cristian ddim yn gwrando. Roedd o'n syllu'n syfrdan ar y dyn croen tywyll a safai rhwng dwy goeden yn gwylio'r miri mawr.

Roedd ei gôt ledr ddu yn cyffwrdd â gwellt ar y llawr, ei sgidiau cowbois brown yn sglein i gyd.

"Dach chi'n cael hwyl, hogia," meddai, a chamu yn ei flaen.

Tawelodd y chwerthin. Sgrialodd Iolo ar ei draed wrth weld y dieithryn yn agosáu.

Yn sydyn, doedd Iolo ddim mor siŵr o'i bethau.

Fel pe bai'n synhwyro dychryn Iolo syllodd y dyn du arno. A gwenu.

"Does sgyn ti'm ofn?"

Roedd ei lais yn ddwfn.

Llithrodd Cristian oddi ar y bwrdd yn slei bach. Cysidrodd ei heglu hi tra bo'r dyn du'n prysur wneud i Iolo gachu planciau. Ond roedd 'na rhywbeth dirgel yn ei gylch, rhywbeth a fynnai sylw'r bachgen.

Roedd ei ben yn gwbwl foel, ac o'i glustiau crogai clustdlysau aur. Teimlodd Iolo dinc o genfigen: roedd ei rieni wedi gwrthod iddo yntau gael clustdlws sawl gwaith, er bod gan ei frawd mawr Huw ddwy yn ei glust dde.

"Nid yma i gymryd ond yma i roi, ydw i," meddai'r dyn diarth. "Yma i wireddu breuddwydion."

"P ... pa fath o freuddwydion?" holodd Ieuan, yn cysgodi y tu ôl i goeden solat.

"O, dyn bach yn cuddiad," meddai'r dieithryn, gan wyro i weld o ble y daeth y llais bach. "Breuddwydion plant Geregryn."

"Dw i'm yn blentyn," heriodd Iolo.

"Dyn mawr wyt ti felly. A pha fath o freuddwydion mae dyn mawr yn eu breuddwydio?"

Gwridodd Iolo. Sylwodd ar y berl oedd yn clymu coler crys y dyn du. Nofiodd y lliwiau yn ei lygaid. A llithrodd Miss Bowering yn nwydus i'w feddyliau. Miss Bowering a'i chrysau tyn; a'i sgertiau byr; a'i phersawr cry.

"Dach chi am weld tric?" meddai'r dieithryn, gan lusgo Iolo o'i nefoedd.

Gosododd y dyn ei law ar goeden gyfagos a syllu ar y dail uwchlaw.

Syllodd y bechgyn mewn syndod. Camodd Carwyn yn ei ôl fel pe bai'n ofni cael ei gyffwrdd gan y llaw ddu a orffwysai ar fonyn y goeden.

Fel y gwyliai'r bechgyn, syrthiodd y dail gwyrdd o'r goeden, yn crino'n frown wrth i ba bynnag wenwyn a lechai yng nghyffyrddiad y dieithryn ymlwybro drwy wythiennau'r pren. Dechreuodd chwerthin yn dawel, yn edmygu'i ddoniau ei hun.

Ymhen dim roedd y goeden yn noeth ac yn farw, ei dail a fuasai eiliadau ynghynt yn wyrdd ac yn llawn bywyd, yn garped trist o frown ar lawr.

"Be ddudwch chi? Dw i'n cael cymeradwyaeth?"

Dechreuodd Ieuan glapio'n dawel o'r tu cefn i'w goeden. Ymunodd y lleill yn y llongyfarchiadau.

Tawelodd y bechgyn.

"Triciau rhad. Gwireddu breuddwydion ydi'r tric gorau. A mi fedra i neud hynny. Heno fydd plant Geregryn yn breuddwydio."

Edrychodd y pedwar o un i'r llall.

"Ond!" Roedd nodyn o rybudd yn llais y dyn, bys hir du'n pwyntio i gyfeiriad yr hogiau. "Peidiwch â rhannu'ch breuddwydion ag oedolion Geregryn. Lladron breuddwydion ydi oedolion. Nhw fydd yn dwyn ych gobeithion chi. Dim ond iddyn nhw gael hanner cyfle. A mi fydda i'n flin dros ben os glywa i fod na gario straeon wedi bod.Yn flin fel hyn."

Ymestynnodd y dieithryn ei freichiau gan ffurfio siâp croes a'i gorff. Dechreuodd grynu ac udo.

Camodd y bechgyn yn ôl. Suddodd Ieuan yn ddyfnach i gysgod y goeden.

Doedden nhw ddim am redeg er gwaetha'u hofn; roedden nhw am weld y gwaetha.

Yn sydyn, roedd croen eboni'r dyn yn donnau cythryblus, fel pe bai miloedd o greaduriad yn ceisio gwthio'u ffordd drwyddo i olau dydd …

A dyna'n union a ddigwyddodd.

Daeth y llygod mawr cynta o lewys y gôt, lle y bu dwylo a breichiau a sgwyddau eiliadau ynghynt.

Ochneidiodd Cristian wrth i ddegau o'r creaduriaid du, blewog, hyll sgrialu dros ei sgidiau.

Syrthiodd Carwyn ar ei din, llygod bras yn rhwbio'i fochau.

Toddodd gnawd y dyn du yn filoedd o lygod mawr.

A dechreuodd y bechgyn sgrechian wrth i'r pla hunllefus ddechrau prancio a gwibio dros eu cyrff.

8

ROEDD Y DDAU ddyn yn dal dwylo.

Darllenai'r ifancaf o'r ddau:

"Pan welais y Pasiffig am yr ail dro, edrych arno fel terfynbeth a wneuthum i, pen draw cyfandir, lle na ellid mynd ymhellach ar dir."

Edrychodd Nathan ar yr hen ddyn a orweddai yn y gwely. Roedd ei lygaid ynghau, ac oni bai am yr anadlu herciog, edrychai fel pe bai wedi marw.

Roedd y blynyddoedd wedi chwipio Richard Jones. Roedd ei groen yn welw, ei wyneb yn llinellau fel lonydd ar fap. Gosododd Nathan law Richard yn ôl ar y gwely.

Syllodd ar ei hen ewythr.

Dw i byth isio bod fel hyn, meddyliodd Nathan.

Brawd i nain ei fam oedd Richard, Ellen Davies a fu farw'r un oed â'r ganrif yn 1972 pan oedd Nathan yn ddwyflwydd oed.

"Mae gynno ni gymdogion newydd," meddai Nathan yn dawel, heb fod yn siŵr a glywai'r hen ddyn.

"Kim, a'i merch fach Cadi. Dwn i'm o lle daethon nhw nac am ba hyd maen nhw'n bwriadu aros. Ond mae'n braf gweld pobol newydd."

Byddai Nathan yn ymweld â'r hen ŵr yn aml, yn ei chael hi'n hawdd sgwrsio efo fo: byth yn barnu, byth yn dwrdio.

O dro i dro ymatebai Richard efo ambell i air, ond rhyw rwgnach yn ei wddw fyddai'r claf yn amlach na heb.

Anodd oedd dweud faint a ddeallai Richard Jones o'r sgyrsiau unochrog hyn.

"Mae Cathy'n mynd o ddrwg i waeth," meddai Nathan. "Dach chi'n cofio Cathy: yr *ex*. Mae hi'n rhannu nodwyddau efo'r boi dwl 'na. Dw i 'di'i rhybuddio hi. Dw i'm isio swnio fatha bod 'y medd i wedi 'i wyngalchu. Ond AIDS, dyna dw i'n boeni yn ei gylch. A fedra i'm bod yn gwbl bendant os na chysgodd hi efo fo tra'r oedd hi'n byw efo fi."

Yn sydyn agorodd Richard ei lygaid led y pen a syllu ar y dyn ifanc.

"Richard?" gofynnodd Nathan yn bryderus. Gwelodd fywiogrwydd yn llygaid ei hen ewythr am y tro cynta. Ond nid bywiogrwydd iachus oedd yma, ond bywiogrwydd wedi'i esgor o arswyd.

Safodd Nathan, yn ansicr o'r ffordd i ymateb.

Galw nyrs?

Gadael i'r hen foi ddod ato'i hun?

"Maen nhw yma! Maen nhw yma," tagodd Richard, ei lais fel pe bai'n cael ei lusgo dros bapur bras. Dechreuodd dagu, nerth yr ymdrech yn codi'i gorff brau oddi ar y gobennydd.

Roedd Nathan wrth y drws. "Nyrs! Sharon! Sharon!"

Ruthrodd Sharon Owens i mewn a mynd yn syth at y claf.

Tywalltodd ddŵr i wydr a magu pen yr hen ddyn yn ei chesail. Yn ofalus rhoddodd y gwydr i'w wefus. Ac yfodd yn araf.

"Fasa well imi aros?" holodd Nathan.

"Na, bydd o'n iawn," meddai Sharon, wedi cael trefn ar y sefyllfa.

"Mi arhosa i efo fo."

"Mi fydd o'n iawn," meddai'n gwenu ar Nathan.

Trodd hwnnw i fynd.

"Nathan."

Edrychodd dros ei ysgwydd. Roedd wyneb Sharon yn goch. "Rho ffôn imi os t'isio –"

"RHYBUDDIA NHW!"

Hyrddiwyd y gwydr dŵr o law y nyrs. Gwichiodd honno wrth i'r hen ddyn godi ar ei eistedd yn sydyn a'i gwthio oddi ar y gwely.

"Rhybuddia nhw!" meddai Richard eto cyn llewygu'n ôl ar ei wely.

9

FU MAX ERIOED yn un i ddwyn ceir. Difaru roedd o rŵan, wrth gwrs, na ddysgodd y grefft pan oedd yn iau. Job llanc ifanc oedd hon: torri drwy'r clo, diffodd y larwm. Ond o leia gwyddai pa weiars i'w cysylltu er mwyn tanio'r Rover glas. Er bod gwybod hynny'n da i ddim os na fedrai gael mynediad i'r blydi car yn y lle cynta.

Tyrchodd i'r clo efo cyllell boced. Roedd y gwythiennau ar gefn ei law wedi chwyddo, a'r chwys yn tywallt o'i dalcen.

Stopiodd i gael cip sydyn o gwmpas maes parcio'r dafarn. Neb o gwmpas.

Roedd y maes parcio'n dywyll, yr unig olau'n deillio o'r adeilad o ble y deuai sŵn lleisiau'n gymysg â cherddoriaeth o'r jiwcbocs.

"And after all," canodd Max yn dawel efo'r diwn a sleifiai o'r dafarn, *"you're my Wonderwall."*

Llithrodd y gyllell o'r clo a hollti drwy fys canol ei law chwith. Sgyrnygodd Max a chloi'r waedd rhwng ei ddannedd. Sbyrtiodd y gwaed coch yn ffynnon ar ffenest y car.

Plygodd ar ei gwrcwd a magu'i law yn ei gôl. Gwasgodd ar y bys i atal llif y gwaed.

Hoffai weld pobol eraill yn gwaedu, ond doedd hyn *ddim* yn codi min arno. Meddyliodd am Jemma a'r olwg oedd ar honno wedi dau funud yng ngwmni Mr *Black'ndecker*. Lleddfodd hynny rhywfaint ar ei boen.

Pan ddeuent o hyd iddi, cymerai hi ddeuddydd dri i roi enw i'r pentwr cig a oedd yn weddill ohoni.

"HOI!"

Trodd Max. Roedd dyn yn ei bedwardegau'n camu tuag ato.

Gwenodd Max.

Siwt a thei; châi o fawr o drafferth efo hwn.

Safodd i wynebu'r dyn. Rhwbiodd ei fys gwaedlyd yn erbyn defnydd bras ei jîns.

Aeth mellten o boen drwyddo.

Chwyrnodd.

"YLI BE NATH DY FFYCIN GAR DI I' MYS I'R CONT!" rhuodd.

Oedodd perchennog y Rover, y goriadau'n janglo yn ei law wrth iddo stopio.

"A, call iawn," meddai Max yn dynerach wrth glywed y sŵn.

"B ... be ti'n neud?"

"Dwyn dy gar di'r diawl dwl!"

Neidiodd Max am ei sglyfaeth fel llew am garw.

Doedd gan y gyrrwr ddim gobaith.

Tarodd Max ben y dyn ddwywaith yn erbyn concrid y maes parcio nes ei fod yn anymwybodol.

Anadlodd yn drwm wrth syllu i lawr ar y corff.

Daeth syniad i'w feddwl.

Penliniodd ar arddwrn chwith y dyn a chipio goriad y car.

Rhoddodd y gyllell ar gymal bys bach y dyn.

A thorri.

Craciodd asgwrn, neidiodd y gwaed cynnes ar draws wyneb y cyn-filwr.

Daeth y boen â'r dyn ato'i hyn, ond cyn iddo sgrechian malodd penelin Max ei ên yn dri darn a syrthiodd yn llipa drachefn.

Gallai glywed arogl copr y gwaed yn goglais ei ffroenau.

Yna, clywodd lais merch yn galw enw.

Edrychodd i gyfeiriad y sŵn.

"Robin?" meddai'r ferch eto, ei dwylo'n gorchuddio'i bochau, dychryn yn ei llygaid.

Roedd hi'n iau na'r siwt o dipyn; yn ei hugeiniau canol, efallai. Hogan dlos â'i gwallt du'n donnau dros ei hysgwydd, ffrog las fer, sgidiau sodlau uchel.

'Fedra hi byth ddianc ar sodlau fel 'na ...

Ond rhoddodd gynnig arni.

Boddwyd ei hymbil gan y miwsig a ddeuai o'r dafarn. Pedwar cam ac roedd Max arni, ei law'n frwnt am ei cheg. Llusgodd y ferch, yn cicio a strancio, i'r car.

Llithrodd y goriad i'r clo. Teimlodd boen eilwaith y noson honno, y tro hwn ar draws cledr ei law wrth i ddannedd y ferch dorri i'w gnawd.

Rhuodd, brathu ei chlust at y gwaed, a tharo ei phen yn galed yn erbyn drws y car.

"Drwy gicio a brathu mae cariad yn magu, bêbi dol," meddai gan syllu ar y corff llipa.

10

Syllodd Kim i fyw llygaid Nathan.

Roedden nhw'n wyrdd fel dau emrallt, ei wallt du, blêr wedi'i frwsio'n ôl yn daclus dros ei dalcen.

Mae'n rhaid fod Rhiannon yn meddwl y byd ohono.

Cyffyrddodd yr wyneb ifanc â blaen ei bysedd a'u rhedeg yn dyner i lawr ei foch.

Roedd y canfas yn fras, y paent olew wedi sychu'n dyrrau bychain.

"Be ti'n feddwl?"

Neidiodd Kim wrth sylwi fod Rhiannon wedi dychwelyd o'r gegin gan gario dau fyg o goffi berwedig. Edrychodd ar y darlun uwchben y lle tân eto er mwyn cuddio'r cochni yn ei bochau.

"Mae o'n wych."

"Nathan 'ta'r llun?" gofynnodd Rhiannon yn tynnu coes.

Gwenodd Kim yn swil.

"Y ddau, dw i'n siŵr. Pwy beintiodd o?"

Eisteddodd Kim ar y soffa liwgar wrth ochr Rhiannon.

"Fi mae gen i ofn."

"Chi?"

"Ww, paid â swnio mor syrpreisd," gwenodd Rhiannon.

"Sori ..." meddai Kim, yn difaru agor ei cheg. Yfodd rywfaint o'r coffi. Roedd o'n gry ac yn flasus. Ymlaciodd wrth i'r caffîn gydio ynddi.

"A g'na ffafr bach i mi."

"Iawn."

"*Paid* a' ngalw fi'n 'chi'. Mae o'n gneud i mi deimlo fel rhyw hen nain."

"Ocê," cytunodd Kim, " 'chdi' o hyn ymlaen."

"Be sy'n dŵad â chdi i Geregryn?"

Gwasgodd Kim ar y myg coffi. Llosgodd y gwres yn gysurus i gledrau ei dwylo.

"Atgofion," meddai'n ddirgel.

"A ...?"

Syllodd Kim o'i chwmpas yn anghyffyrddus. Roedd hi'n croesawu wynebau cyfeillgar, yn ddiolchgar bod Rhiannon (a Nathan) wedi bod yn gymdogol tuag ati, ond doedd hi ddim mewn gwirionedd am drafod ei gorffennol cythryblus.

"Wedi dŵad yma i anghofio ydw i go iawn," meddai.

"O ddrwg gen i, Kim," ymddiheurodd Rhiannon, embaras yn ei llais. "Un ddrwg dw i am fusnesu. Dydio ddim o mus –"

"Dw i 'di gadael 'y ngŵr," meddai Kim yn bendant. Waeth i mi ddweud fy nweud, meddyliodd.

"Gwranda, dydw i'm yn un i hel clecs. Do'n i'm yn meddwl –"

"Roedd o'n frwnt efo fi: yn gorfforol ac mewn ffyrdd eraill."

Doedd Rhiannon ddim am gael torri ar ei thraws. Os oedd hi am glywed ... wel, dyma'r beiograffi, Mrs Stevens.

"Globan wirion i mi; dyna dw i'n 'i gael am roid y'n nwy droed ynddi."

Tawelwch am eiliad.

"Un cysur, mae gyn ti hogan fach werth chweil yn fan 'na."

Ymlaciodd Kim. Doedd dim gwell ganddi na siarad am Cadi. Y ferch fach oedd ei thrysor; yr unig beth o bwys oedd yn weddill yn ei bywyd chwilfriw.

"Mae hi werth y byd i mi," meddai Kim.

"Mae'r rheina'n eiriau mae rhywun yn 'u clywad ganwaith, ond dyna'r tro cynta i mi wir gredu'r un sy'n 'u deud nhw," meddai Rhiannon. "A mae hi'n dipyn o artist hefyd. Wrthi'n peintio fel slecs ar fwrdd y gegin."

"O, gobeithio nad oedd hi'n draffarth," meddai Kim yn bryderus.

"Twt lol, traffarth? Wrth fy modd yn cael rhywun yn dangos diddordeb."

"Dyna 'da chi – dyna wyt *ti* yn 'i 'neud," meddai Kim yn gwenu.

"Ia, artist diwydiannol yn fwy 'na dim. Peintio i gwmnïau. Nes i arddangosfa o'r ganolfan hamdden newydd i'r cyngor flwyddyn yn ôl a dw i wrthi'n gweithio i gwmni perianyddol ar hyn o bryd. Peintio pont, gredi di neu beidio."

"Be am hwnna?" holodd Kim yn nodio i gyfeiriad llun Nathan.

"Fydda i'n gneud be dw i'n fwynhau o dro i dro. Dw i 'di cael ambell i arddangosfa. Comisiynau hefyd. Mae o'n cadw'r blaidd rhag y drws. Be amdana chdi?"

"Dw i 'di cael swydd ran amser yn y llyfrgell."

"O, da iawn."

"Ia, ond ..."

"Ond?"

"Dw i'n cael traffarth cael neb i gadw llygaid ar Cadi."

Goleuodd llygaid Rhiannon.

"Mi 'na i hynny ichdi!"

"Be? O na, swn i'm yn meiddio ... neith hi'm byd ond styrbio dy waith di."

"Neith hi styrbio dim arna i."

"Fasa hynny'n help mawr. Wyt ti'n bendant?"

"Yn bendant, bendant."

"Grêt," meddai Kim, ei gwên yn goleuo'r ystafell.

Pethau'n syrthio i'w lle. Falla y bydd bywyd yn braf yng Ngeregryn. Daeth teimlad o gynhesrwydd a chyfeillgarwch drosti. Roedd hi'n hoff o'r wraig hawddgar, hwyliog yma, yn falch rhagor na chenfigennus o'i hapusrwydd efo'r dyn ifanc, golygus yn y llun.

Ac roedd y dyn ifanc ar ei meddwl rŵan.

"Be am Nathan?"

"Be am Nathan?" meddai Rhiannon, dirmyg ysgafn yn ei llais. "Digon yn 'i ben o. Tair lefel A, lle ym Mhrifysgol Sheffield, ond dyma'r chwilen yn cydio. Penderfynu'n ddeunaw oed mai fo oedd y David Bowie newydd. Bowie neu rywun o'r fath. Wastio'i fywyd yn chwarae miwsig symol efo bandiau symol. Mae o wedi cael cyfnodau i ffwrdd yn gweithio mewn stiwdios proffesiynol, ond dim i'w gynnal ei hun. Mae o'n gweithio'n un o'r archfarchnadoedd lleol rŵan: yn stacio silffoedd."

Roedd awgrym o ddeigryn yn llais Rhiannon. Yn amlwg roedd yr hyn a ddigwyddodd i Nathan yn fwrn arni.

Penderfynodd Kim fentro. Wedi'r cwbl, roedd Rhiannon wedi byseddu i'w bywyd personol hi. Er, doedd hi ddim am ddial ... gwell peidio holi ... gwell cau ceg ... ond roedd y geiriau'n tywallt allan ...

"Ers faint dach chi ... efo'ch gilydd?"

"Efo'n gilydd?" Syllodd Rhiannon yn syn arni.

"Ia ... ro'n i'n meddwl ..."

Wyt ti di rhoi dy droed ynddi go iawn rŵan, do, meddyliodd.

Dechreuodd Rhiannon chwerthin, yn sylweddoli'r hyn oedd ar feddwl y ferch ifanc.

"Be sy?" gofynnodd Kim yn ddryslyd.

Tra'n chwerthin dywedodd Rhiannon, "Mae Nathan a minna efo'n gilydd ers dyddiau dwytha 1969. Ers i mi feichiogi a bod yn fanwl gywir."

Dechreuodd Kim wrido wrth i'r gwirionedd ddechrau

gwawrio arni'n ara' deg bach.

"Fi 'di fam o. Ond diolch am dalu clod i mi. Braf 'di clwad 'y mod i'n dal yn ddigon golygus i fachu dyn ifanc," meddai Rhiannon, y chwerthin yn gostegu, gwên fawr ar ei hwyneb.

Safodd Kim.

"Ddrwg gen i, Rhiannon ... well i ni fynd ... o dydw i'n ddwl?... be nath i mi feddwl y fath beth ..."

"Paid â bod yn wirion, aros."

"Na, mi awn ni. Diolch, Rhiannon. Sori."

Rhuthrodd am y gegin i nôl Cadi.

"Cadi, dan ni'n mynd –"

Stopiodd yn stond. Aeth ias drwyddi.

Doedd Cadi ddim yno.

Ac roedd y drws cefn yn agored.

"CADI!"

Daeth Rhiannon i'r gegin ar frys.

"MAE HI 'DI MYND!"

Rhoddodd Rhiannon ddwylo cysurus ar sgwyddau'r ferch.

"Eith hi ddim ymhell. Mae 'na ffens fawr ar waelod yr ardd. A mae 'na glo ar y giât. Ty'd."

Cerddodd Rhiannon yn awdurdodol drwy'r drws cefn. Dilynodd Kim mewn panig llwyr, ei chalon yn carlamu fel ceffyl gwyllt, chwys yn gwlychu ei cheseiliau.

Brasgamodd y ddwy heibio i ochr y tŷ, ar hyd llwybr bychan o le y gallent weld y ganolfan chwaraeon a gweddill Geregryn.

Ac yno ar ben y lôn, yn edrych yn fyfyriol ar ei chartre newydd, roedd Cadi.

"CADI!" gwaeddodd Kim gan ruthro tuag ati, ei sgubo i'w breichiau a'i chofleidio'n dynn.

"Mam. Gawn ni fynd i weld y syrcas?" gofynnodd y ferch, gan bwyntio i'r pellter.

Edrychodd Kim i'r un cyfeiriad.

Yn y pellter, y tu hwnt i Geregryn, gwelodd y lori syrcas a wibiodd heibio iddynt ar y lôn ddeuddydd ynghynt.

Oerodd Kim wrth feddwl am wyneb dieflig y clown mawr yn codi llaw ac yn pwyntio tuag at Cadi. Gwasgodd ei merch yn dynnach.

"Ella," meddai Kim gan sylwi ar hen adfeilion i'r chwith o'r comin lle'r oedd y lori wedi'i pharcio.

"Be sy'n fan 'na?" gofynnodd.

Roedd Rhiannon yn syllu i'r un cyfeiriad.

"Hen bentre," esboniodd. "Y 'Berth. Lot o straeon bwcibo am y lle. Ofergoeliaeth leol. Lol botsh. Mae Nathan yn fwy cyfarwydd â'r stori nag ydw i. Rhyw sôn fod y boblogaeth bron i gyd 'di diflannu ddiwedd y ganrif ddwytha. Codi pac a mynd i chwilio am borfeydd gwell ddaru'r cwbwl lot, os ti'n gofyn imi."

11

CHWYSAI JAMES LEWIS fel mochyn. Roedd ei frest yn codi ac yn syrthio fel balŵn. Roedd aroglau'r tair acrobat yn dal i bryfocio'i ffroenau, ynghyd â rhannau eraill o'i gorff. Bron na allai goelio'r pethau a wnaeth y tair iddo a'r pethau y cafodd yntau'u gwneud iddynt hwythau yn ei dro. Doedd na'r *un* ferch wedi caniatáu'r fath bethau o'r blaen. A doedd o rioed yn ei fyw wedi perfformio efo mwy nag un ar y tro.

Gorweddai ar ei wely, ei grys yn agored at ei fotwm bol, a'r defnydd yn glynu wrth ei gorff fel pe bai rhywun wedi taenu glud dros ei groen. Crynai fel pe bai'n gorwedd mewn rhewgell.

Gwyddai James Lewis ei fod ar ymyl dibyn gwallgof-rwydd. Dyna'r pris am ymblesera yng nghwmni'r tair. Dyna'r gosb am gyplu â gwrachod.

Dyna oeddan nhw. Gwrachod. Ellyllon. Megis y Seirenau gynt a ddenai forwyr i'w hynys efo'u lleisiau persain; ac yna eu dinistrio. A dyna oedd y rhain wedi ei wneud iddo yntau: rhyw oedd eu cân, ac wedi'i blannu ynddo roedd hedyn ei ddinistr ei hun.

Gorchuddiodd ei lygaid â'i fraich i geisio ymadael â'r ddelwedd ohono'n cnychu â'r tair. Ond roedd o am eu gweld; ddim am eu gweld; am eu gweld; ddim am eu gweld.

AM EU GWELD!

Neidiodd ar ei eistedd, gan ysgwyd drosto.

49

AM WELD! AC AM WNEUD ETO! YN YSU GWNEUD ETO!

Gorweddodd drachefn.

Os felly, byddai'n rhaid ufuddhau i Theodric.

Oedi cyn delio â busnes y syrcas. Twyllo'r cyngor. Anwybyddu gorchymyn y prif swyddog.

Roedd ganddo ofn ei fos. Ond roedd Theodric yn codi ofn saith gwaith gwaeth arno; a'r tair acrobat ystwyth, anniwall, yn ei yrru o'i go'.

Ni sylwodd James ar Penny'n cerdded i'r stafell wely. Rhoddodd ei fraich dros ei lygaid unwaith eto.

"James, mae hi'n hanner awr wedi wyth."

"Mae gen i wres," meddai'n sych.

"Wyt ti am i mi ffonio gwaith cyn i mi fynd? Dw i'n cymryd y gwasanaeth bore 'ma. Dw i'm isio bod yn hwyr."

"Mi ffonia i."

"Wyt tisio asbrin? Mi ffonia i Dr Huws."

"Dos. Mi fydda i'n iawn."

Tawelwch. Arwydd pendant bod Penny wedi mynd. Siaradai fel pwll y môr, a hynny'n dragywydd. Ond rŵan, doedd dim smic yn y tŷ.

Mi orweddai'n fan 'ma am chydig. Mynd draw am fwy o ffafrau wedyn. Ac yna, byddai'n mynd i ymweld ag un arall a oedd ar ei feddwl.

Roedd hyder yn berwi yn ei waed ar ôl y profiad cnawdol a gafodd ddoe. Dim mwy o swildod i ennyn sylw; na'r ymddygiad hawddgar oedd yn toddi calonnau. Cymryd o hyn ymlaen; cymryd heb ofyn.

A gwrthrych ei chwantau oedd Rhiannon Stevens. Cyfarfu â'r wraig pan gafodd ei chomisiynu i lunio gwaith celf i'r ganolfan hamdden newydd y llynedd. Peintiodd ddeuddeg llun gwerth chweil o adeilad digon diflas.

Leiciwn i 'i pheintio hi, meddyliodd James.

Yn noeth.

12

MAE'R TRAC SY'N ARWAIN o Geregryn, heibio i'r comin ac i'r adfeilion a fu unwaith yn bentre'r Berth, yn droellog ac yn greigiog.

Mewn cerbyd y mae'r daith yn gofyn gofal ac amynedd – pethau, yn anffodus, nad oedd ymhlith rhinweddau Robbie Richards. Hyrddiodd y Metro drwy bob twll a thros bob carreg ar hyd y ffordd.

Ar ei orau, byddai'n gyrru'n ddi-hid. Ond heno, roedd o wedi rhannu chwe chan o *Carlsberg Special Brew* efo Cathy a oedd yn neidio i fyny ac i lawr, i'r chwith ac i'r dde yn y sêt wrth ei ymyl.

"Cymar ofal, Robbie. Dw i'n mynd i chwydu," rhybuddiodd y ferch.

Ond ni chymerai'r dyn ifanc sylw ohoni. Roedd o'n ysu cyrraedd fagddu'r hen adfeilion; yn ysu snortio'r '*Whizz*' yn ei boced iddyn nhw gael yr hwb egnïol i hogi'u hawydd i gyplu ar y sêt gefn, neu o fewn i un o'r adeiladau yng nghanol y lleithder a'r ysbrydion.

Roedd adfeilion y Berth yn hafan i ieuenctid Geregryn a oedd am gymryd cyffuriau; yn Feca i'r plant iau a ddeuai yma i flasu cwrw neu gnychu am y tro cynta. Roedd y lle'n llawn hen gondoms, nodwyddau a photeli *Thunderbird* gweigion.

Roedd pen Cathy'n troi fel meri-go-rownd a'i stumog yn bygwth tywallt ei gynnwys ar lawr y Metro.

'Fu hi erioed yn un am yfed; 'fu hi erioed yn un am gyffuriau fel y powdwr gwyn a fyddai'n ei snortio heno. Erioed – nes iddi gyfarfod â Robbie.

Cafodd hi lot o hwyl efo Nathan, y ddau ohonyn nhw'n mwynhau cwmni'i gilydd. Ond roedd hwnnw a'i ben yn y cymylau'n breuddwydio am lwyfan Wembley Arena pan fo hyd yn oed llwyfan Canolfan Gymuned Geregryn allan o'i gyrraedd.

Ac yna, dyma Robbie'n landio'n y dre; ac yn ymuno â'r band.

Robbie: ei marchog powdwr gwyn.

Daeth hi'n fwy dibynnol ar y cyffuriau, ac yn fwy dibynnol ar Robbie o'r herwydd. Llithrodd Nathan drwy'i dwylo fel heroin drwy ridyll.

Roedd well ganddi Nathan o beth wmbrath. Ond roedd hi angen y ffics. Ac oherwydd hynny, Robbie oedd ei dyn.

Stopiodd Robbie'r car a diffodd y golau. Roedd y Berth fel stumog uffern; doedd y golau o'r hanner lleuad ddim pe bai'n gallu treiddio'r tywyllwch o gwmpas yr hen bentre.

Teimlodd Cathy ddwy law yn gwthio'i fyny ei sgert.

"Robbie!" dwrdiodd.

"O cym on, Cath."

"'Ffics gynta, ffwc wedyn," meddai dan wenu. Plygodd i'w gusanu. Ymatebodd yntau. Gwasgodd y ddau yn erbyn ei gilydd. Teimlodd Cathy ei chariad yn c'ledu. Fe'i gwthiodd o'r neilltu.

"Lle mae'r stwff?" mynnodd.

"Dwyt ti'm yn ffansïo fi ddim mwy?" gofynnodd Robbie'n druenus braidd, ac yna, gyda nodyn mwy ffyrnig yn ei lais, "Fasa chdi byth 'di neud hynna i Nathan."

"O paid â blydi pwdu eto," cwynodd Cathy ac agor drws y car. Neidiodd allan o'r cerbyd i freichiau noson oer. Crynodd wrth i'r awel slei lithro dan ei dillad.

"Wyt ti'n dŵad?" gofynnodd gan blygu ei phen i'r car.

Ond doedd Robbie ddim yno.

Chwyrnodd rhyw anifail rheibus y tu ôl iddi. Ond cyn iddi ymateb daeth braich yn neidr am ei gwddw a'i hyrddio i'r llawr.

Sgrechiodd. A chlywed y chwerthin.

"DIAWL CIAIDD!" gwaeddodd, a Robbie yn ei ddyblau.

"O, *shit* ... sori ... o ..." rhuodd, yn ceisio rheoli ei chwerthin aflafar.

Neidiodd Cathy ar ei thraed a brasgamu tuag at un o'r adeiladau. Eisteddodd ar riniog yr hyn a fu unwaith yn gartre i deulu o wyth.

Clywai Robbie'n agosáu, ei chwerthin plentynnaidd yn atseinio o gwmpas gwacter y nos.

"Ti'n goc oen weithiau," meddai.

Safodd o'i blaen, ei chwerthin yn pylu. Pwysodd yn ei flaen, ei ddwylo ar ei ddwy benglin.

"Sori, siwgwr plwm," meddai Robbie mewn llais babïaidd. "Wyt ti'n maddau imi? Ga i faddeuant ..." Aeth i'w boced ac estyn y darn papur bach oedd yn cynnwys yr amffetamin a'i gyflwyno i Cathy, "... rŵan, falla?"

Goleuodd ei hwyneb.

A gwenodd Robbie. Mi fedra i droi hon rownd fy mys bach, meddyliodd.

Ond yn sydyn, aeth y lliw o fochau'r ferch. Syllodd dros ysgwydd dde Robbie, golwg o arswyd a dryswch ar ei hwyneb.

"BW!"

Neidiodd calon Robbie i'w gorn gwddw. Trodd ar ei sawdl, a'i gael ei hun yn syllu ar dei goch lydan ac arni smotiau melyn.

Edrychodd i fyny i wyneb clown; saith troedfedd o glown.

Clown o'i gorun uchel i'w draed anferthol. Roedd ei gnawd yn wyn fel y galchen, gwallt hir, coch yn blaguro bobtu i'w ben fel chwyn. Roedd y geg yn fawr, y wên yn llydan a'r dannedd yn finiog.

Gwaniodd pledren y bachgen; trodd ei goesau'n glai meddal wrth syllu i'r llygaid milain, melyn.

"BW!" meddai'r Clown eilwaith, a syrthiodd Robbie yn ei ôl wrth i arogl ffiaidd anadl y cawr lliwgar fygu'i ffroenau.

"Be ... be sy? Be ... dach isio?" gofynnodd Robbie. Teimlai Cathy'n crynu fel deilen wrth ei ymyl.

Plygodd y Clown yn ei flaen. Roedd ei ffurf anferth yn cuddio'r lleuad, ac edrychai'n rhyfedd, yn lliwiau llachar i gyd, yn erbyn yr awyr ddu.

"Wedi dwad yma i chwarae dw i. I 'neud direidi. I neud mwrddrwg – neu fwrdwr!"

Ni welodd Robbie mo'r llaw yn saethu i'w gyfeiriad. A dweud y gwir, ni welodd Robbie ddim byd byth wedi hynny oherwydd roedd deufys hir y Clown wedi ffrwydro'i lygaid wrth dreiddio drwy'r socedau tuag at ei ymennydd.

Clywodd Cathy'r sŵn slwdj wrth i'r dyn ifanc gael ei ddallu a cheisiodd sgrechian ond roedd hi mewn sioc, ei chyhyrau wedi'u cloi, ei hysgyfaint yn dynn, a'i phledren yn rhyddhau ei chynnwys.

Cododd y Clown Robbie o'r llawr gerfydd ei ben. Crynai'r dyn ifanc, ei dynged wedi'i selio, wrth i'r cawr ddechrau'i ysgwyd fel doli glwt.

"WIIII!" gwichiodd y diddanwr dieflig wrth i esgyrn Robbie gracio yn sgîl y sgytiad creulon.

Gosododd draed y corff ar y llawr ac efo ffug-ymdrech tynnodd ei fysedd o socedau llygaid Robbie, yn gwingo wrth wneud.

"Ych a fi," meddai wrth syllu ar y ddau fys oedd wedi'u gorchuddio â gwaed a darnau llwydwyn ymennydd ei sglyfaeth. Rhoddodd y bysedd yn ei geg a'u llyfu'n lân.

"Mmmm, bla-sus!"

Gadawodd i gorff Robbie syrthio'n llipa i'r llawr.

Roedd Cathy fel delw. Syllai ar yr hyn a ddigwyddai o'i blaen, ond ni fedrai amgyffred yr olygfa.

"Mae angen dŵad â chdi i dir y byw, 'n does, misi? Neu chawn ni'm chwarae teulu," meddai'r Clown a rhoi ei fys i'w wefus fel pe bai'n ystyried yn ddwys beth i'w wneud nesa.

"Wn i!"

Tynnodd ei drowsus mawr, glas.

Syllodd Cathy mewn ofn ar y tyfiant mawr gwyn rhwng ei goesau. Dechreuodd ddod ati'i hun, gan riddfan yn drychinebus. Ac yna, sylwodd ar flaen yr arf erchyll. Roedd yn union fel trwyn coch clown.

Dechreuodd sgrechian.

13

NI FEDRAI WELD wyneb ei thad. Ond gwyddai ei fod o yno. Teimlai'i law gadarn wedi cau am ei llaw fach hi.

Ac roedd Mam yno; ar yr ochr dde iddi. Medrai Cadi weld ei gwên hi, ei hwyneb prydferth.

Trodd eto i weld ei thad, ond methodd. Roedd 'na rhywbeth yn ei hatal. Ond o leia gallai glywed ei lais.

"Paid ti â phoeni Cadi fach; 'wna i edrach ar d'ôl di. Dy gadw di'n sâff rhag y dynion drwg," meddai'r llais tyner. Nid y llais cyfarwydd a glywai'n gweiddi ar ei mam oedd hwn; ond llais diarth. Jyst llais. Jyst llais dyn.

Roeddan nhw'n deulu cytun, yn cerdded drwy goedwig. Clywai'r adar yn canu ym mrigau'r coed filltiroedd uwchben, ynghudd y tu ôl i wyrddni trwchus y dail.

Roedd peraroglau o bob math yn nofio drwy'r awyr iach a gloÿnod byw o bob lliw a llun yn hedfan driphlith draphlith o'u cwmpas.

Ond heb rybudd, sleifiodd cwmwl du dros lesni'r awyr. Dechreuodd y ddaear grynu o dan eu traed, crynu a chwyrnu. Sugnwyd y coed i'r ddaear, y dail yn ffrwydro oddi ar y brigau fel conffeti gwyrdd.

Rhyddhaodd Cadi ei hun o ddwylo'r ddau a oedd wrth ei hymyl a lapio'i breichiau amdani hi'i hun, gan ei chofleidio'i hun rhag yr erchyllterau.

Edrychodd i'r chwith am y 'tad' a addawodd eiliadau ynghynt i'w hamddifyn rhag pob drwg. Ond doedd 'na ddim hanes o neb.

Trodd i chwilio am ei mam.

"CADI! CADI!" ymbiliodd honno, ei hwyneb heulog yn fwgwd o boen wrth i'r dwylo ei thynnu i'r pridd. Ei thynnu'n is ac yn is i'r annwfn nes iddi ddiflannu'n gyfan gwbwl.

Ac roedd Cadi ar ei phen ei hun.

Caeodd ei llygaid a chrio am ei mam.

Daeth sŵn griddfan i'w chlust. Agorodd ei llygaid. Safai mewn diffeithwch o dywod coch o dan awyr borffor. Roedd awel fach dan din yn chwipio'r llwch coch dros y tir ac yn gwneud i'r anialwch ymddangos fel môr – môr o waed.

Ac o'i chwmpas, dechreuodd y tywod godi. Ac o'r tywod daeth breichiau; y breichiau'n codi o'r ddaear yn greaduriaid erchyll. Rhai heb goesau, yn eu llusgo'u hunain tuag ati ar freichiau cadarn; eraill heb na braich na choes, nadroedd a phennau lled-ddynol yn llithro drwy'r anialwch.

Roedd y creaduriadi i gyd yn griddfan, tafodau hirion yn hongian o gegau'n llawn dannedd miniog; y cegau'n glafoerio wrth ddod yn agosach, agosach.

Dechreuodd Cadi weiddi am y 'tad' a addawodd ei diogelu.

Ac yna, daeth llais.

Ar y gorwel safai'r Clown mawr a gododd law arni o gefn y lori. Codai law arni eto; a gweiddi.

"Ty'd, Cadi. Brysia. Nawn ni ddod o hyd i Dad i chdi. Tad i chdi a dy fam. Ond paid â deud wrth Mami; bydd o'n syrpreis. Brysia …"

Ond roedd y creaduriaid o fewn cyrraedd, dwylo seimllyd yn cyffwrdd ynddi, tafodau llaith fodfeddi o'i hwyneb.

A dechreuodd sgrechian.

Chwysai Iolo Phillips, yn troi a throsi yn ei freuddwydion.

Ac roedd y freuddwyd mor real.

Roedd Miss Bowering mor real, yn eistedd ar ymyl ei wely yn cribo'i wallt â'i bysedd cynnes.

Ei hwyneb yn unig a welai Iolo, ond roedd hynny'n ddigon ar hyn o bryd. Ogleuai'r persawr cry wrth iddi blygu'n agos.

"Wyt ti am i mi dy gyffwrdd di, Iolo? Dy gyffwrdd di yn y man gorau? Dy neud di'n ddyn?"

Ond cyn iddo ymateb, daeth wyneb tywyll i'w freuddwyd; wyneb y Consuriwr a laddodd y goeden.

Rhewodd Iolo ac aeth ei ffantasi'n chwilfriw.

"O na, Iolo," meddai'r dyn du, yn ysgwyd bys hir. "Nid heno, ond cyn bo hir. Mi fedra i gyflawni bob un o dy freuddwydion di Iolo. Pob un. Ond cofia gadw'r gyfrinach; ac os gadwi di'r gyfrinach ... wel," meddai gan redeg llaw fawr ddu drwy wallt Miss Bowering. "Ond os byddi di'n cario clecs, yn hel hen straeon ... yli."

O flaen ei lygaid dechreuodd croen wyneb Miss Bowering ferwi. Ffrwydrodd y cnawd yn blorod cochion.

Rhewodd Iolo. Ceisiodd wthio oddi wrthi, oddi wrth y wraig heintus hon a wenai arno o hyd.

Agorodd Miss Bowering ei cheg i siarad. Ond nid geiriau a ddaeth ohoni.

Cynrhon. Degau o filoedd ohonynt yn powlio o'i chorn gwddw a syrthio ar lin y bachgen, gan raddol orchuddio'i gorff.

A dihunodd Iolo Phillips yn socian at ei groen, a'i galon yn dyrnu mynd o dan ei asennau.

* * *

Deffro wnaeth plant Geregryn i gyd; rhai dan sgrechian, eraill dan grio, a rhai'n chwysu'n dawel.

14

"DYNA FO, BACH. Dyna fo."

Magodd Kim ben ei merch bumlwydd yn ei chôl.

Clywsai sgrechiadau Cadi a rhuthro i'w hystafell wely. Roedd y plentyn yn chwys doman, dagrau'n powlio i lawr ei bochau bach.

"Hen freuddwyd, dyna i gyd. Mae Mami yma."

"Ond dim ond Dad fedar edrach ar y'n ôl i," meddai Cadi yn codi ei phen o gynhesrwydd cesail ei mam.

Cafodd Kim fraw; a siom. Roedd Cadi fach ofn Max am ei bywyd. Sut ar wyneb y ddaear y medrai hi ddweud mai fo'n unig fedrai ei hamddiffyn?

"Dw i'n dy garu di'n fwy na Dadi. Dydi o'm yma ddim mwy. 'Dan ni 'di gorfod gadael."

"Dim Dad, dim Dad yna."

"Be ti'n ddeud, cariad?"

"Fedra i gael Dadi newydd. Dadi neith gadw'r dynion drwg i ffwrdd."

"Does 'na'm dynion drwg, del," meddai Kim, yn chwerthin yn nerfus.

Be sy wedi dychryn yr hogan fach? Be sy'n gwneud iddi ddweud y fath bethau? Be mae hi wedi'i weld iddi feddwl y ffasiwn beth?

Oerodd cnawd Kim.

Max. Dydi hi ddim wedi gweld Max? O na, Dduw.

Paid â bod yn ddwl, ceryddodd ei hun. Mae o yn Sbaen,

a fan 'no fydd o am rai dyddiau.

"Maen nhw'n deud y medran nhw ..." Stopiodd Cadi.

"Pwy sy'n deud, Cadi?" gofynnodd Kim wrth gwpanu wyneb ei merch yn ei dwylo.

"Neb," meddai Cadi a suddo'n ôl i'w mynwes.

Penderfynodd Kim mai taw oedd biau hi. Doedd hi ddim am holi'r hogan fach heno.

Edrychodd ar ei watsh: hanner awr wedi tri.

Gwell gadael iddi gysgu. Bydd hi wedi hen anghofio am hyn bore fory. Hunllef gafodd hi, dyna i gyd; lle newydd, bywyd newydd yn dweud arni hi.

Gwenodd Kim yn nerfus yn wyneb ei hamheuon.

15

ROEDD YR ARCHFARCHNAD dan ei sang y bore hwnnw.

Cydiodd mewn troli a'i wthio o'i blaen fel baricêd rhag y dyrfa.

Roedd hi'n flinedig. Chafodd hi fawr o gwsg ar ôl dychwelyd i'w gwely. Roedd hi'n bryderus wrth adael Cadi, ond doedd gan honno ddim awydd mynd i siopa efo'i mam. Roedd Rhiannon yn fwy na pharod i gadw llygad ar y fechan.

"Fydd hi werth y byd. Mi ddysga iddi beintio," meddai'r wraig.

"O ia," ochneidiodd Cadi, ei hwyneb yn goleuo.

Soniodd Kim am yr hyn a ddigwyddodd yn ystod y nos.

"Hunlle; plant yn 'u cael nhw'n aml. Yn enwedig pan fydd 'na newid mawr yn eu bywydau nhw. Roedd Nathan yn ofnadwy … bob yn ail noson," gwenodd Rhiannon.

Roedd y ddynes 'ma'n ysgwydd. Yn ei chysuro ac yn ei sicrhau. Teimlai Kim yn falch o'i chael fel cymydog.

Doedd ganddi ddim awydd bod yma yn y siop brysur, ond rhaid oedd llenwi'r cypyrddau gwag. O leia roedd Nathan yma'r bore 'ma. Ella y câi sgwrs.

Fe'i dwrdiodd ei hun. Dynion yn dy fywyd ydi'r peth diwetha wyt ti angen, y globan wirion.

Cofia di am Max.

Max golygus, doniol, poblogaidd; Max arswydus, creulon, dychrynllyd.

Dau ddyn mewn un corff. Neu'n hytrach, un dyn. Masg a wisgai pan gyfarfu'r ddau i gychwyn; masg y wên deg a rwygwyd o'r neilltu i ddatgelu'r bwystfil oddi tano.

Fe âi drwy'r to pan ddeuai'n ei ôl o Sbaen efo'r bimbo. Dyna wers i chdi Max Davies: dod yn ôl i dŷ gwag a chael blasu dy ffisig di dy hun.

Aeth yn gandryll unwaith o'r blaen oherwydd bod y tŷ'n wag. Bu Kim allan efo'r genod ac yn bwriadu aros yn fflat Jemma am y noson.

Ond daeth y diawl yno i'r fflat wedi meddwi ar ôl i'r pybs gau, a mynnu bod Kim yn dod adre efo fo.

"Dw isio bwyd! Ty'd adra i neud bwyd i mi'r ast anniolchgar!" rhuodd.

"Mae hi'n aros yn fa'ma heno. Dos adra," gwaeddodd Jemma o ffenest y fflat.

"Ffendia ddyn i chdi dy hun, y lesbian ast; paid â thrio dwyn 'y ngwraig i. *Fi* bia Kim!"

Yn ei fyll, taflodd Max fricsen drwy ddrws ffrynt yr adeilad. Cafodd ffein a ffrae gan yr ynadon am ei drafferth; ond yn well na hynny cafodd faddeuant gan Kim.

Ymbiliodd arni gan erfyn maddeuant. Ymddiheurodd hyd yn oed.

Dyna'r tro ola iddo ymddiheuro.

Roedd basged Kim yn llenwi. Syllodd o sillf i silff.

Rhewodd wrth y *delicatessen*.

Teimlodd lygaid yn ei gwylio.

Gwenodd a cherdded i gyfeiriad y gwyliwr a oedd wedi dowcio y tu ôl i domen o duniau bîns.

"Helô," meddai, yn plygu dros y pentwr.

"O, haia," meddai Nathan o'i gwrcwd.

"Pam ti'n cuddiad?"

"Dydw i ddim … wel … embarysd …"

"Am be, dŵad?"

"Yli arna fi," meddai, yn cyfeirio at ei iwnifform; y crys gwyn, y tei a'r trowsus plaen. "Dydio'm yn 'fi', a deud y gwir. Stacio tuniau bîns ar fore Sadwrn."

"Ti'n edrach yn smart iawn," meddai Kim. "Ro'n i'n gwbod dy fod ti'n gweithio yma. Mi ddeudodd dy fam."

"Da 'di mam," ochneidiodd Nathan. "Ydi'r gantores ifanc efo chdi."

"Hefo dy fam ma' hi," meddai Kim.

"Wrth ei bodd, siŵr o fod. Y ddwy'n peintio dros bob man."

Roedd saib rhyngddynt, y sgwrs yn sychu.

"Wel," meddai Kim. "Well i mi … y …"

"Gwranda," meddai'r dyn ifanc â phendantrwydd. "Fasa chdi a Cadi'n leicio dŵad am dro pnawn 'ma? Mi wna i roi *guided tour* o Geregryn i chdi."

Gwridodd Kim. O blydi hel, meddyliodd. Deud ia. Deud iawn.

"Wel, ym …"

"Mr Stevens," rhuodd llais piwis.

Trodd Nathan, a oedd yn dal ar ei din ar lawr, i gyfeiriad y gweiddi cyfarwydd.

"Mr Dolan, sut dach chi," holodd yn gwrtais.

"Gan ych bod yn gwneud defnydd o'ch pen ôl, gadewch i minnau gynnig gwneud iws ohono fo: drwy ddod â blaen 'y nhroed i gysylltiad ag o a'ch cicio chi drwy'r drws."

Roedd gan Dolan enw drwg. Hwn oedd y rheolwr siop gwaetha ar wyneb y ddaear.

"Hynny ydi," aeth y rheolwr yn ei flaen, "os nad ydach chi am godi ar ych traed a mynd o gwmpas ych gwaith."

"Reit," meddai Nathan, a sefyll. "Ar 'y nhraed."

"Hmm," ochneidiodd Dolan a throi ar ei sawdl.

Edrychodd Nathan ar Kim. Roedd hi'n gwenu. A gwenodd yntau wrth weld pa mor ddel oedd hi; roedd hi'n hyfryd pan oedd hi'n hapus.

"Well i mi fynd cyn i chdi gael y sac," meddai.

"Reit," meddai Nathan, ei galon yn drom. Ffordd dda iddi osgoi'i gwestiwn, meddyliodd.

Gwyliodd hi'n cerdded i lawr y llwybr bwyd.

Trodd Kim. "Wela i di pnawn 'ma. Ty'd draw tua dau."

Curodd ei galon yn wyllt. Grêt! Grêt! Grêt.

"Ocê," meddai'n gwbwl ddigynnwrf.

16

Ni wyddai Cathy lle'r oedd hi pan ddaeth ati'i hun. Ond roedd pethau'n bendramwnwgl, yn ben ucha'n isa.

Brifai pob rhan o'i chorff, pob nerf yn sgrechian, ar ôl i'r Clown ei threisio. Ni fedrodd sgrechian tra oedd yr horwth annaturiol wrthi. Roedd gormod o ofn arni i anadlu bron.

Ni wyddai am ba hyd y bu hi yma, yn crogi a'i phen i lawr uwchben y ddaear. Ond gwyddai nad y Clown oedd yr unig un i'w hambygio ar ôl i hwnnw ei llusgo i'r lori ar y comin.

Bu un a oedd yn anadlu tân, a'i groen yn ddeifiol.

Sgrechiodd y tro hwnnw, ac roedd y creithiau i'w gweld ar ei chroen. Plorod brwnt lle y llosgwyd ei chnawd gan y fflamau.

Ceisiodd anadlu'n ddwfn. Dechreuodd swnian wrth sylweddoli ei chyflwr. Edrychodd o'i chwmpas. Roedd hi'n hongian mewn pabell syrcas enfawr, y lliwiau coch a melyn ar y canfas yn dawnsio'n wallgo o flaen ei llygaid wrth iddi droi rownd a rownd.

Ddeg troedfedd islaw roedd y cylch, wedi ei orchuddio mewn siafins.

Be oedd yn digwydd? Be oedd ystyr hyn i gyd?

Dechreuodd stryffaglio. Cofiodd yr hyn a ddigwyddodd i Robbie a sylweddoli mai'r un fyddai'i ffawd hithau.

"Paid a strancio, ngeneth i," meddai llais melfed. "Haws

o lawer tasa chdi'n ymlacio. G'neud niwed i chdi dy hun y 'nei di."

Syllodd i gyfeiriad y llais.

Sgubodd pendro drosti wrth weld y dyn a'i draed uwch ei ben, fel pe bai'n cerdded ar y nenfwd. Dechreuodd ei stumog gorddi.

Roedd ganddo gôt hir, goch a bwtsias lledr du at ei ben-glin. Ymwthiodd Cathy ei gwddw ymlaen er mwyn ceisio gweld ei wyneb. Roedd o'n hŷn na'i lais, yn daclus, y llygaid duon yn cynnig naill ai cysur neu graith.

"Gad i mi ymddiheuro am fy nghyfeillion. Maen nhw'n ddigon di-chwaeth ar adegau."

Rhyw riddfan ofnus oedd unig ymateb Cathy.

"Taw di, rŵan," meddai'r dyn yn dyner. "Dim sŵn. Derbyn dy ffawd yn dawel sydd orau."

Dechreuodd Cathy grio'n uchel.

Roedd mwy o bobol yn ymddangos o'r cysgodion, yn ymuno â'r dyn côt goch o gwmpas y cylch.

Ac yna, gwelodd y Clown a'i gymheiriaid bach ffiaidd.

"Bastads! Bastads!" rhegodd arnynt, dicter yn drech na'i hofn am eiliad.

Ffugiodd y Clown ddychryn wrth glywed ei llais. Anadlodd y Bwytawr Tân strimyn o fflamau i'w chyfeiriad.

"Rŵan, rŵan," dwrdiodd y dyn côt goch. "Dyna ddigon o lol."

Cododd ei ben i syllu ar Cathy.

"Wyt ti yma i bwrpas, 'mechan i. Chdi ydi'r ddolen gynta yn y Cylch newydd. Mae'n anrhydedd i ti gael dy ddewis. Diolcha nad wyt ti'n gorfadd yn gorff fel dy gyfaill."

Udodd Cathy. Byddai'n well ganddi pe bai hi eisoes yn gelain.

"Aberth sâl wyt ti. Cig hen. Ond rhywbeth i godi blys,

dyna i gyd. Mae'r wledd i ddod. Rŵan, rhaid i chdi baratoi dy hun. Wyt ti ar fin edrych i fyw llygaid duw. AGORWCH Y PYDEW!"

Ar orchymyn y dyn côt goch, rhuthrodd dau ddyn o'r gynulleidfa. Penliniodd y ddau bobtu i'r cylch. Gwichiodd y cadwynau yng nghlustiau Cathy wrth i'r dynion droi handlen yr un.

Ac yn ara deg bach, dyma'r cylch yn agor.

Cododd arogl erchyll o'r fagddu islaw ynghyd â cholofnau o fwg tew melyn. Tagodd Cathy wrth i'r oglau gyffwrdd â'i ffroenau. Dechreuodd gyfogi.

Ac yna, clywodd y chwyrnu.

Agorodd ei llygaid a syllu i'r düwch islaw.

Dechreuodd y ferch anadlu'n fwyfwy sydyn. Panig angheuol yn ei meddiannu.

Gwyddai fod 'na rywbeth dychrynllyd yng ngwaelodion y pydew. Rhywbeth na welwyd gan yr un person byw, rhywbeth y tu hwnt i ddychymyg yr hunlle waetha.

Clywodd oglau llosgi. Edrychodd i fyny. Roedd fflamau'n brathu i'r rhaff ryw droedfedd uwch ei thraed.

"NAAAAA!" sgrechiodd.

"Ta ta," meddai'r Bwytawr Tân a oedd yn hongian o raff arall droedfeddi oddi wrthi.

Ceisiodd gyrraedd y rhaff drwy ysgwyd a siglo'i chorff.

"Cusan cyn ffarwelio," meddai'r dyn ffiaidd. Gwelodd Cathy'r rhuban fflamgoch yn rhuthro tuag at ei hwyneb.

Llosgwyd y rhaff a oedd yn ei dal.

Crinodd y sws danllyd ei phen-glin wrth iddi blymio i'r fagddu ac i freichiau pa bynnag arswyd a drigai yno.

17

ROEDD NATHAN AR I FYNY. Aeth o gwmpas ei waith yn frwd, â'i galon fel ffliwt er mawr syndod i'w gydweithwyr.

"Wyt ti mewn cariad neu rywbath?" gofynnodd un o'r genod wrth ei glywed yn mwmian canu yn yr adran fwydydd anifeiliaid anwes.

"Argol! Nac ydw," meddai Nathan gan wenu'n gam.

A doedd o ddim chwaith. O, doedd 'na ddim amheuaeth ei fod o'n ffansïo Kim; ond cariad? Rho gyfle i ni, meddyliodd.

Un ferch a garodd Nathan erioed, a Cathy oedd honno. Ond wedi dwy flynedd o gydfyw dan yr un to, aeth pethau o chwith pan laniodd Robbie a'i goctel o gyffuriau i roi'r farwol i'w perthynas.

Roedd y teimladau cry wedi pylu, ond byddai Nathan yn meddwl amdani hi (amdanyn nhw cyn y dilyw) yn gyson. Ac roedd o'n hoff iawn ohoni o hyd.

Bu digon o ferched ers y chwalfa, ond neb a fyddai Nathan wedi ystyried treulio mwy na deuddydd yn eu cwmni.

A rŵan, dyma Kim yn ymddangos ar y sîn.

Er ei fod yn teimlo ar ben ei ddigon, roedd o'n ddigon call i beidio â phrynu modrwy yn syth!

Serch hynny, roedd o wedi cymryd at Kim o'r cychwyn cynta: yn swil, yn ddiymhongar, yn dlws.

Daeth llais dros y tanoi i dorri ar draws ei fyfyrdodau.

"Nathan Stevens i swyddfa'r rheolwr. Nathan Stevens i swyddfa'r rheolwr," atseiniai'r llais anghynnes ar hyd yr archfarchnad.

Be mae'r coc oen isio rŵan? meddyliodd Nathan, yn cerdded am gefn yr adeilad lle y llechai Hywel Dolan yn ei dwll.

Wrth agosáu at ddrws swyddfa'r rheolwr, clywodd Nathan y lleisiau o'r ystafell.

Oedoedd. Cyflymodd curiad ei galon a daeth gwacter i'w stumog. Pwy oedd yno? Be ar wyneb y ddaear oedd Dolan eisiau? Ni ddymunai'r diawl diflas ond drwg i Nathan, a daeth teimlad drosto nad oedd pethau'n argoeli'n dda.

Cnociodd wrth y drws yn ysgafn.

"Mewn."

Caeodd Nathan ei lygaid. Anadlodd yn drwm. Agorodd y drws.

Eisteddai Dolan yn ei gadair fel brenin ar ei orsedd, golwg blin ar ei wyneb. Roedd dau ddyn arall yn y swyddfa. Un yn bensil o ddyn â mop o wallt arian ar ei ben, y llall yn fengach, sbectol grwn yn gorffwys yn ansicr ar flaen ei drwyn.

Aeth y Bensil i boced ei gôt ac estyn waled ledr. Fflachiodd gip sydyn o ryw gerdyn adnabod i gyfeiriad Nathan.

"Ditectif Inspectyr Roy Morgan," meddai, ac yna, gan bwyntio i gyfeiriad y Sbectol Grwn, "Ditectif Cynstabl Carwyn Hall."

"S'mai Nathan," meddai'r Sbectol Grwn, dan wenu'n seimllyd. Edrychodd Nathan arno.

"Carwyn Hel Clecs," meddai'n syfrdan.

Sythodd y Sbectol Grwn, y wên yn diflannu, ei wyneb yn troi'n biws fel pe bai rhywun wedi taflu gwydriad o Ribena dros ei wep.

Carwyn Hel Clecs oedd glasenw'r Sbectol Grwn pan oedd o'n yr ysgol (hynny neu Carwyn Cont). Roedd o flwyddyn yn iau na Nathan, a byth a beunydd yn cario straeon i'r athrawon am weithgareddau'r disgyblion eraill. Gan mwyaf roedd o'n fwy na pharod i ddweud anwiredd er mwyn achosi strach a gofid i'w gyd-ddisgyblion.

Roedd Nathan yn dal i syllu arno pan ofynnodd DI Morgan iddo:

"Fedri di ddeud wrthan ni lle roeddach chdi neithiwr, Nathan?"

"Pam?" Trodd i edrych ar yr holwr.

"Atebwch y cwestiwn, Nathan!" rhuodd Dolan o'i orsedd.

Neidiodd Nathan.

"Os gwelwch yn dda, Mr Dolan," meddai'r DI. "Ateb y cwestiwn, Nathan," mynnodd yn dyner, ond gyda rhyw gadernid bygythiol yn ei lais.

"Ga i ofyn pam?" mentrodd Nathan drachefn.

Aeth Morgan i'w boced ac estyn paced o Rothmans. Rhoddodd sigarét rhwng ei wefusau.

"Ga i smocio, Mr Dolan?" gofynnodd cyn tanio'r ffag.

"Na chewch ..." meddai Dolan yn gwylio'r plismon yn sugno'r mwg i'w ysgyfaint.

Gwenodd Nathan iddo'i hun. Mae 'na fistar ar Fistar Mostyn, meddyliodd.

"Ista lawr." Chwythodd y ditectif strimyn o fwg o'i geg. Tagodd Dolan. Llusgodd Nathan gadair o gefn y swyddfa ac eistedd.

"Ddaethon ni o hyd i gorff Robert Paul Richards yn Y Berth y bore 'ma."

Daeth llewyg dros Nathan. Teimlai'r gwaed yn rhuthro i'w ben. Rhewodd ei gyhyrau.

Aeth y plismon yn ei flaen. "Mi welwyd Cathy Lovell yn mynd i'w gar o neithiwr cyn i'r ddau yrru am Y Berth."

"Cathy! Ydi Cathy'n iawn?" Roedd ofn yn llais Nathan.

"Does 'na'm hanes ohoni hi. Rŵan, lle roeddach chdi rhwng wyth neithiwr a hanner awr wedi tri'r bore 'ma?"

Dechreuodd Nathan sylweddoli'r hyn oedd yn digwydd. "D ... Dach chi'n meddwl 'y mod i'n gyfrifol?"

"Dydan ni'm 'di deud dim o'r fath beth," meddai Morgan gan godi'i ddwylo i sicrhau Nathan.

"Mae pawb yn gwybod bo chdi a Cathy'n eitem ar un pryd. A doeddach chdi ddim yn byrlymu â hapusrwydd pan ddechreuodd hi weld Robbie," meddai Carwyn Hel Clecs. "A mi gaethoch chi ffrae chydig ddyddiau'n ôl."

"Ffrae? Pryd?"

"Pan oeddach chdi a dy *grŵp*," dechreuodd Carwyn Hel Clecs, yn pwysleisio'r gair 'grŵp' fel pe bai'n anghynnes a ffiaidd, "yn practisio."

"Ffr – Huw. Be ddudodd Huw?"

"Mae o'n wir felly?" gofynnodd y DI.

Roedd ceseiliau Nathan yn chwyslyd a'i holl gorff yn crynu. Beth oedd wedi digwydd i Cathy? Pwy laddodd Robbie?

"Lle roeddach chdi?" DI Morgan yn mentro eto.

"Adra." Syllai Nathan ar y llawr, ei feddyliau'n dân gwyllt yn ei ben.

"A fedar rhywun gadarnhau hynny?"

"Mam. Rhiannon Stevens."

"Reit," meddai'r DI. Gollyngodd ei sigarét i fyg coffi. Edrychodd Dolan yn sarhaus ar y ditectif. Hisiodd y ffag wrth farw yn yr hylif llugoer a sleifiodd arogl coffi a nicotîn i ffroenau Nathan. Daeth ato'i hun.

Cyn mynd drwy'r drws edrychodd y DI dros ei ysgwydd.

"Fasan ni'n gwerthfawrogi tasa chdi'n aros yn Geregryn dros y dyddiau nesa. Dwyt ti ddim yn bwriadu mynd i nunlle, nacwyt?"

"Wel, o'n i di meddwl treulio pythefnos ar ynys yn y

Caribî, ac ella'r a'i i'r *villa* yn Portiwgal am sbel," meddai Nathan, yn ddirmygus o'r awdurdodau am ei amau, yn flin bod coc oen di-ddim fel Carwyn Hel Clecs wedi cael y cyfle i'w groesholi.

Edrychodd Morgan arno am eiliad, hanner gwên ar ei wyneb, ac yna, caeodd y drws.

Heb sylwi ar Dolan, safodd Nathan i adael y swyddfa. "Aros!"

Trodd yn ddiog i edrych ar y rheolwr.

"Yn wyneb yr hyn ddigwyddodd yma heddiw dw i'n dy syspendio di, Nathan. Dw i'm isio dy weld di yma nes bod yr helynt 'ma wedi cael ei sortio," meddai Dolan gan symud papurau ar ei ddesg rhag iddo orfod edrych ar Nathan. "Wrth gwrs, ar ôl i'r polis ddarfod eu *investigation* mae'n ddigon posib na welwn ni chdi yma byth eto."

Roedd Nathan yn gorfod ymladd yr awydd i ddyrnu'r wên faleisus oddi ar wyneb hunanfoddhaus y rheolwr.

18

Wrth iddi beintio ni wyddai Rhiannon Stevens fod James Lewis yn rhythu arni yn nrws y sied.

Aeth o gwmpas ei gwaith, gwên ar ei hwyneb wrth iddi arlunio Cadi. Roedd y ferch fach ar ei chwrcwd yng nghanol y sied a ddefnyddiai Rhiannon fel stiwdio. Peintiai'r plentyn yn frwd, paent yn sblashian dros ei dwylo a'i chrys-T Pingu. Tywynnai'r haul drwy'r ffenest gan dywallt ei belydrau dros Cadi gan beri iddi ymddangos fel angel fechan.

"Cadi, sbia ffor 'ma," meddai Rhiannon, am weld manylion wyneb y ferch i roi terfyn ar y pictiwr.

Cododd Cadi ei phen o'i gwaith a gwenu at y wraig. Neidiodd calon Rhiannon wrth i'r wên bylu'n edrychiad o ddryswch.

"Pwy 'di'r dyn 'na?" gofynnodd Cadi gan bwyntio tuag at ddrws y sied.

Trodd Rhiannon.

"James," ochneidiodd. Roedd rhywbeth yn ei olwg a godai fraw arni.

Roedd ei wallt yn flêr a'i lygaid yn wyllt. Roedd y tei a fyddai fel arfer wedi'i chlymu'n gwlwm taclus am ei wddw, yn crogi wrth ei frest, a llynnoedd chwyslyd yn staenio'i grys glas o dan y ceseiliau. Crychodd Rhiannon ei thrwyn wrth iddo gerdded amdani, wrth i'w arogl gryfhau.

"Be wyt t'isio?" gofynnodd yn nerfus.

"Wedi dŵad i ddeud helô," meddai gan gamu'n agosach fyth.

Roedd Rhiannon yn gyfarwydd â'r swyddog cynllunio; yn gyfarwydd â'i ddulliau a'i giamocs. Gwyddai, fel y gwyddai hanner Geregryn, ei fod yn anffyddlon i'w wraig, ac roedd gan Rhiannon ddirmyg tuag ato o'r herwydd. Ond eto, roedd hi'n weddol gyfeillgar ag o, wedi bod yn ddymunol ei hagwedd ar yr adegau y bu i'r ddau gyfarfod, a doedd 'na ddim rheswm i gredu ei fod yn fygythiad corfforol iddi.

Ond yr eiliad honno, roedd ganddi ofn.

"Dw i'n meddwl y byd ohonach chdi, Rhiannon. Pam na gawn ni fod yn ffrindiau?"

Camodd Rhiannon yn ei hôl. Edrychodd i gyfeiriad Cadi a oedd yn syllu'n ddryslyd ar y dieithryn. A oedd y ferch fach mewn peryg? Dyna oedd blaenoriaeth Rhiannon: amddiffyn y plentyn.

"Yr ... hogan fach ... paid â gneud dim byd gwirion, James," meddai. Ciledrychodd drachefn i gyfeiriad y plentyn. Teimlodd law James yn cau am ei gwddw.

"Na ... paid," ymbiliodd wrth i hwnnw ei gwthio'n erbyn wal y sied. Trodd ei hwyneb wrth i'w anadl ddrewllyd daro ei ffroenau. Teimlodd ei gorff yn pwyso'n ei herbyn, ei gyffro'n galed yn erbyn ei stumog.

Ochneidiodd wrth i wefusau sych James gusanu ei boch. Roedd hi eisiau chwydu.

Teimlodd ei ddwylo'n teithio'i chorff fel rhawiau'n profi pridd newydd, a thynhaodd pob nerf. Cadi, Cadi, Cadi, rhed, rhed, rhed, meddyliodd. Ond ni ddeuai'r geiriau. Roedd ofn wedi'i pharlysu.

Llithrodd llaw James rhwng ei choesau. Ac yna, ffrwydrodd Rhiannon. Am eiliad roedd hi'n ddall; mewn düwch. Ac yn yr eiliad honno sgrechiodd nerth esgyrn ei phen a hyrddio'i dau fys bawd i fyny ffroenau ei hymosodwr.

Teimlodd ei hewinedd yn torri cnawd llaith ei drwyn, yn rhwygo'r gwythiennau mân oedd yn mapio'r ffroen.

Gwaeddodd James. Byrlymai gwaed o'i drwyn fel dŵr o ffynnon.

Baglodd yn ei ôl a syrthio ar ei eistedd, ei law chwith yn ei amddiffyn rhag y codwm, y dde'n ceisio atal y gwaed rhag pistyllio o'r anaf.

"CADI!"

Dan grynu fel deilen o hyd, syllodd Rhiannon i gyfeiriad y llais. Safai Kim yn nrws y sied, golwg o arswyd llwyr ar ei hwyneb.

Dechreuodd Cadi gerdded draw tuag ati. Roedd James ar lawr rhwng y ferch a'i mam.

"AROS LLE RWYT TI!" rhuodd Kim, ei llygaid yn agored led y pen.

Dechreuodd James Lewis ddod ato'i hun, gan edrych o'i gwmpas yn syn.

Brasgamodd Kim tuag at ei merch ac wrth i'r dyn roi cynnig ar godi ar ei draed, dyma Kim yn anelu cic hegar i'w glun, blaen ei bŵt-ffêr lledr yn suddo i'r cnawd.

Udodd Lewis wrth iddo golli pob teimlad yn ei goes, a rowliodd ar ei ochr.

Neidiodd Kim dros y corff a chipio Cadi i'w breichiau. Edrychodd ar Rhiannon. Roedd honno'n pwyso'n erbyn wal y sied, dagrau'n gwlychu ei bochau.

Gwyliodd Kim wrth i'r dyn ei lusgo'i hun o'r sied a chropian ymaith.

Efo Cadi yn ei breichiau, rhuthrodd draw at Rhiannon.

"Wyt ti'n iawn?" gofynnodd yn bryderus gan roi Cadi i lawr a chydio ym mreichiau'r wraig hŷn. Roedd Rhiannon yn crynu.

Neidiodd Kim ar ei thraed. "Mi wna i ffonio'r polis."

"NA!"

Plygodd Kim eto.

"Pwy oedd o, Rhiannon?"

"Do'n i byth yn meddwl y basa fo'n gneud y fath beth," wylodd.

"Mam?" holodd Cadi'n ddiniwed ar draws popeth. "Oedd y dyn na'n dadi i rywun? Ydi o'n dadi i Nathan?"

19

ROEDD MEDDWL Robin Penri fel MTV ar asid.

Fflachiodd delweddau o'i fywyd ar ras drwy'i ymennydd, yn un strimyn hir o ffilm, a honno wedi'i golygu gan wallgofddyn â llafn rhydlyd.

Roedd o'n rhith-weld ac roedd hyn yn codi cyfog arno, a'r boen yn codi'r cyfog o'i stumog a'r chwŷd yn rhedeg yn ddrewllyd ar draws ei siwt wlân.

Griddfanai'r gwerthwr gan ysu bod yn anymwybodol; ond aros i'w herio a wnâi'r lluniau rhyfeddol yn ei ben a'r boen ddychrynllyd yn ei gorff.

Pe bai Robin yn medru siarad, byddai'n erfyn eto ar y lloerigyn a oedd yn eistedd wrth ei ymyl yn sedd y gyrrwr. Ond ni fedrai Robin Penri siarad.

Roedd y weiran bigog wedi'i lapio'n dynn am ei geg ac yn rhwygo i gnawd meddal ei fochau.

Tasa'r coc oen wedi cau ei geg ni fyddai Max wedi ei arteithio – wel, nid i'r fath raddau.

Roedd y ferch siapus wedi ei thaflu i'r bŵt, a'r dyn bach gwirion yn erfyn am ei fywyd.

"Gadwch fi fynd ... dduda i'm gair o 'mhen ... plîs, yn enw Duw ..."

Syrffedodd Max ar ei gwyno a bu'n rhaid iddo stopio'r car ar ochr lôn dawel. Cofiodd am y geriach yn y bŵt, ac wedi rhoi swadan i'r dyn, neidiodd o sedd y gyrrwr.

Agorodd y bŵt. Sgrechiodd y ferch. Roedd ei ffrog las wedi llithro dros ei chluniau. Gwenodd Max wrth syllu ar ei choesau llyfn. Ond yn anffodus doedd ganddo ddim amser am fistimanyrs. Cydiodd yn y rolyn o weiran bigog a'i daflu ar y gwellt wrth ochr y ffordd gul. Slamiodd y bŵt ynghau ar ymbil truenus y ferch.

Aeth Max i ochr y teithiwr, agor y drws, a llusgo'r dyn allan fel pe bai'n ddoli glwt. Rowliodd hwnnw'n bêl. Oherwydd hynny ni fedrai Max roi cic iddo yn ei stumog felly camodd dros y corff a rhoi blaen esgid ffyrnig yn iau'r truan. Gwingodd y gŵr gan ymladd am ei anadl.

Gafaelodd Max yn y rolyn o weiran bigog a'i ddangos i'r dyn.

"Yli be sgen i," meddai.

Roedd dagrau a gwaed yn llifo i'w gilydd dros fochau'r creadur.

"Wyt ti'n cwyno gormod, ac a deud y gwir dw i 'di cael llond bol."

Dim ond am chydig y sgrechiodd y dyn cyn llewygu wrth i Max ei ergydio'n flin â'r weiran bigog.

Achosodd Max gryn niwed i'w ddwylo wrth lapio corff y dyn yn y weiran bigog. Roedd gwaed ymhobman, gwaed Max a gwaed ei ysglyfaeth.

Safodd Max yn ôl ac edmygu'i waith fel artist yn edmygu cerflun oedd o wedi'i gwblhau ar ôl cyfnod hir o waith.

Syllodd ar ei ddwylo. Roeddan nhw'n friwiau brwnt drostynt. Gwasgodd ei ddwylo'n ddyrnau ac aeth llif o drydan drwy'i gorff wrth i'r boen bleserus gydio. Anadlodd yn hir wrth fwynhau'r gwayw.

Daeth y contyn ato'i hun ryw chwarter awr yn ddiweddarach a'r car yn gyrru'n chwim drwy wyrddni hyfryd cefn gwlad dan awyr las, a natur yn ffres yn y ffroen.

Dechreuodd y dyn wichian fel mochyn pan sylweddol-odd ei gyflwr, a chwarddodd Max.

A dal i chwerthin wnaeth gŵr Kim Davies nes i wichian Robin Penri wywo'n riddfan truenus.

Erbyn hyn, roedd trwyn y car yn syllu dros ddibyn dwfn. Yng ngwaelod y dibyn roedd llyn a'i ddŵr yn ddu a bygythiol. Disgleiriai'r haul oddi ar y tonnau a syllodd Max i'r dwfn.

Llyn Dibyn oedd yr enw. Ond enw wedi'i lurgunio oedd hwnnw, gan mai Llyn Diben oedd yr enw go iawn; ganrifoedd yn ôl, roedd y brodorion ofergoelus wedi credu nad oedd gwaelod i'r dyfroedd dyfnion. Ac i unrhyw greadur byw a syrthiai i'r oerni du, meddai'r bobol, uffern yn unig oedd yn eu haros.

Ni wyddai Max ddim am chwedlau llafar gwlad, ond roedd o'n gobeithio'n arw bod y llyn mor ddwfn ag yr oedd yn edrych. Byddai'n orffwysfa dda i'r cwynwr a'i hwren; ac roedd hi'n hwyr glas i'r ddau gael gorffwys.

Agorodd Max y bŵt a llusgo'r ferch allan. Roedd hi'n fyrrach rŵan, a sylweddolodd Max iddi dynnu'i sodlau; roedd un esgid yn ei llaw dde ond chymrodd Max fawr o sylw.

Cydiodd yn ei gwallt a'i llusgo at flaen y car.

"Am i chdi weld," meddai gan wthio ei hwyneb i gyfeiriad sedd y teithiwr.

Teimlodd Max ei chorff yn crynu a daeth gwaedd fechan o'i gwddw wrth iddi weld cyflwr ei chymar.

Llusgwyd hi rŵan at y dibyn. "Yli, sbia. Uchal, yn tydi? Jyst i chdi gael gwbod lle ti'n mynd," meddai Max a chwerthin wrth i'r ferch syllu i'r dyfroedd islaw.

Arweiniodd y ferch yn ôl at fŵt y car a'i phlygu dros y cerbyd. Rhedodd ei law i fyny ac i lawr ei chluniau.

"Dw i'n gwbod bo chdi'n ysu ffwc. Dw inna'n teimlo

'run peth. Bechod 'sgynnon ni'm amser."

Dechreuodd Max ei rwbio'i hun yn erbyn ei phen ôl.

"Www, dyna neis. Ti'n leicio hynna? Ti'n teimlo pa mor fawr dw i."

Yna, gan fagu plwc nad oedd ganddi mewn gwirionedd, trodd y ferch yn sydyn i wynebu'i hymosodwr, yr esgid sawdl uchel yn arf yn ei llaw.

Chafodd Max yr un cyfle i osgoi'r ergyd ac aeth mellten o boen drwyddo wrth i'r stileto finiog drywanu cnawd meddal ei foch.

Gwthiodd ei hun oddi wrth y ferch dan sgrechian a thynnodd yr esgid o'i wyneb.

Syrthiodd ar ei bennau gliniau gan ddal ei wyneb, gwaed cynnes yn llenwi ei geg.

Achubodd y ferch ei chyfle a sgrialodd tua'r lôn. Ond roedd Max ar ei hôl fel heliwr ar drywydd ei sglyfaeth. Llamodd drwy'r awyr fel chwaraewr rygbi'n mynd am dacl, a chythru yn ffêr yr hogan. Syrthiodd yn glec ar y tarmac poeth.

Gwyddai Max y dylai fod wedi ei chosbi ond doedd dim amser i fwynhau unrhyw sbort o'r fath. Taflodd y ferch yn ôl i fŵt y Rover a'i chau mewn tywyllwch drachefn.

Ast, meddyliodd wrth fynd am ddrws y dreifar, ei foch yn llosgi, gwaed yn ffrydio o'r briw.

Agorodd ddrws y car a phlygu i mewn.

"Jyst dwad i ddeud ta ta," meddai wrth y dyn druan. Gollyngodd Max y brêc llaw a neidiodd o'r neilltu wrth i'r car lithro yn ei flaen.

Eisteddodd Max ar wellt cynnes Gorffennaf i wylio'r cerbyd yn plymio i ddyfnderoedd Llyn Diben.

Ac i uffern gobeithio.

20

"OEDDACH CHDI'N hoff ohoni hi?"

"Ar un pryd."

"Yn 'i charu hi."

"Siŵr o fod. Be 'di hynny?"

Cododd Kim ei sgwyddau, heb fod yn sicr o'r ateb ei hun erbyn hyn.

Cerddai hi a Nathan, ar hyd y llwybr a arweiniai i bentre'r Berth – pentre a fu unwaith yn fwrlwm o fywyd.

Roedd cwmwl dros eu crwydro, cwmwl i guddiad yr haul a'r awyr las.

Er i ddiflaniad Cathy a marwolaeth erchyll Robbie ei sobri a'i ddigalonni, doedd Nathan ddim am wrthod cyfle i fod yng nghwmni Kim.

Credai y byddai awr neu ddwy wrth ei hymyl yn codi ei galon. Ac er bod cerdded ag angel yn lleddfu rhywfaint ar ei iselder a'i bryder, roedd bodlonrwydd yn wlad bell i Nathan yr eiliad honno.

"Doedd dim raid i chdi ddŵad, 'sti," meddai Kim.

Edrychodd arni a gwenu. "O'n isio. Yn fwy na dim byd."

Gwridodd Kim a thynnu'i llygaid oddi arno.

Roedd hi'n toddi yn ei gwmni, yn cynhesu i'w gymeriad. Ond roedd amheuon o hyd.

Wedi'r cwbwl, ar ôl ei blynyddoedd efo Max, doedd hi ddim am syrthio'n bendramwnwgl i freichiau'r dyn rhadlon cynta a wenai'n deg arni. Oedd 'na fath beth â dyn rhadlon? Ynteu rhyw gêm oedd hyn i gyd, y caredigrwydd, y tynerwch? Bu Max yn dyner i gychwyn. Doedd hi'n cofio fawr ddim am y dyddiau hynny erbyn hyn.

"Mam, Mam. Ylwch!"

Edrychodd Kim i gyfeiriad y llais bach.

"Cadi, bydda'n ofalus," rhybuddiodd y fam.

"Dowch i weld," ymbiliodd yr hogan fach o ben y bryn.

Ymlwybrodd Kim a Nathan i fyny'r llethr serth. Roedd Nathan ar y blaen ac ymestynnodd law allan iddi. Cydiodd yn y cnawd cynnes.

Roedden nhw law yn law pan gyrhaeddon nhw Cadi, a phan sylweddolodd Kim, llithrodd o'i afael yn dyner.

"Gawn ni fynd?" holodd Cadi gan bwyntio i'r comin islaw.

Aeth ias drwy Kim wrth iddi weld y lori fawr, liwgar a wibiodd fel mellten heibio iddi ar y ffordd i Geregryn rai dyddiau'n ôl. A dechreuodd dynhau ymhellach wrth weld y car gwyrdd hwnnw a welsai y tu allan i dŷ Rhiannon ddoe. Perchennog y car gwyrdd a ymosododd ar fam Nathan. Be ar wyneb y ddaear oedd o'n i wneud fan hyn?

Doedd gan Kim yr un awydd i aros a datrys y pos.

"Ty'd Cadi," meddai.

"Gawn ni fynd, Mam?" gofynnodd y plentyn eto.

Syllodd Cadi ar y bobol yn eu gwisgoedd lliwgar, y bobol od, yn gweu drwy'i gilydd ar y comin: acrobatiaid ystwyth yn neidio a rowlio; llyncwyr tân mentrus yn chwythu fflamau i'r nefoedd; clown ...

Y Clown! Y Clown a gododd law sinistr arni o gefn y lori; clown anferth, saith troedfedd bron yn ei sgidiau mawr.

Ac am eiliad tybiodd Kim iddo syllu i'w chyfeiriad.

Oerodd y ferch.

"Awn ni," meddai gan gythru yn llaw Cadi a'i chychwyn hi i lawr y llethr.

"Kim? Kim!" meddai Nathan yn bryderus o ael y bryn. Brasgamodd tuag atynt. Arhosodd Kim a'i wynebu.

Rhoddodd law ar ei boch.

"Be sy? Wyt ti'n iawn?"

Nodiodd Kim.

"Dwyt ti ddim yn leicio'r syrcas?" holodd gan wenu.

"Na … jyst … bob dim …" ffwndrodd.

Syllodd Nathan i fyw ei llygaid am y tro cynta. Roedden nhw'r un lliw a'r nos, bron yn borffor tywyll, ac ar ffurf dau hanner lleuad.

Iesu Grist, mae hi'n syfrdanol, meddyliodd.

Aeth gwefr drwyddo: o'i geilliau, i'w stumog, i'w fron. Teimlodd y chwys yn gwthio drwy groen ei geseiliau a'i dalcen. Roedd Kim yn ei gyffroi; ond roedd hyn yn fwy na blys cnawdol. Roedd 'na enaid byw, enaid cythryblus yn curo'n wyllt yma; dirgelwch yn llechu dan yr harddwch – prydferthwch o dan y prydferthwch.

Ac roedd am fod efo hon; ond nid rŵan oedd yr amser.

"Dyna'r pentre," meddai Kim gan amneidio dros ysgwydd Nathan.

Edrychodd y tu cefn iddo. Nodiodd gan droi'n ôl ati hi, ei law erbyn hyn yn gorffwys ar ei hysgwydd.

"Wyt ti am fynd yno?" meddai Kim yn bryderus, heb fawr o awydd mynd â Cadi i fangre lle y bu lladd.

"Na. Dim rŵan."

Roedd Nathan yn cael ei ddenu i'r Berth. Mynnai rhywbeth ynddo ymweld â'r lle yn sgîl yr hyn a ddigwyddodd i Robbie a Cathy. Roedd o'n dymuno rhoi taw ar y cythreuliaid a ferwai yn ei frest; ei buro'i hun o'r amheuon, o'r boen a ddaethai ar sawdl y drychineb.

Ond nid heddiw. Nid yng nghwmni Kim a Cadi.

Plygodd i'w gwrcwd i fod wyneb yn wyneb â Cadi.

"Be am i ni fynd i'r parc?"

Nodiodd Cadi.

Cododd Nathan y ferch fach a'i rhoi ar ei ysgwydd.

"Wyt ti'n hogan fawr rŵan," meddai Nathan.

Chwarddodd yr hogan fach.

Gwenodd Kim wrth weld hapusrwydd ei phlentyn.

Pryd y cafodd Cadi a hithau fwynhau eiliad fel hyn yn ystod amser Max? Erioed iddi gofio. I ddieithriaid byddai'r tri'n ymddangos fel teulu ifanc, bodlon.

O na fyddai hynny'n wir.

"Deud wrtha i am y Berth," gofynnodd Kim wrth iddyn nhw gyrraedd y llwybr.

"Mae'r lle'n adfeilion ers canrif. Mae gen i berthynas a anwyd yno; mae o'n gant a deuddeg oed."

"Cant a deuddeg!"

"Mae o mewn cartre nyrsio. Dydio'n deud fawr ddim. Faswn i'n leicio gwybod mwy am be ddigwyddodd yno."

"Yn y Berth? Be ddigwyddodd?"

"Mae'n debyg fod y plant i gyd wedi diflannu tua chanrif yn ôl. A'r oedolion i gyd wedi marw. Tre farchnad fechan oedd Geregryn radeg honno, a phan oedd rhai o drigolion y pentre'n dŵad adra wedi dwrnod o werthu da mi welson nhw'r awyr uwchben y Berth y ddu bitsh, a'r ddaear o gwmpas y pentre'n fôr llwyd, yn symud fel tasa fo'n fyw – yn gorchuddio pob dim. Cofia di, roedd 'y mherthynas i'n byw yno ac mae o'n dal yma. Ella mai lol 'di'r stori."

"Be ti'n feddwl?"

"Dwn i'm. Does 'na fawr neb yn sôn am y peth. Roedd rhieni Geregryn yn deud wrth 'u plant am gadw draw o'r Berth; ac os oeddach chdi'n ddrwg oeddan nhw deud y bydda plant y Berth yn dod ar d'ôl di. Mae 'na lot o chwedlau am y lle."

"Chwedlau? Pa fath o chwedlau?"

"Aa, dim ... cefn gwlad Cymru ganrif yn ôl ... mewnblyg, llawn ofergoeliaeth," meddai Nathan. Ac yna gwenodd. "Digon tebyg i heddiw i ddeud y gwir."

Difarodd iddo sôn. Doedd o ddim am ei dychryn. Dim a hithau'n fam. Chwedlau oedden nhw wedi'r cwbwl, a dyna ydyn nhw nes i rywbeth ddigwydd. Ond os ... os oedd y chwedlau'n wir ... mi fydda 'na rhywbeth yn siŵr o ddigwydd ... a hynny'n fuan iawn.

Ond, dyna fo, chwedl 'di chwedl.

21

BYSEDDODD THEODRIC ei farf brith a chysidro'r creadur truenus o'i flaen. Cerddodd o amgylch y dyn yn ara'.

Ar ei liniau o flaen ei well, roedd James Lewis, yn dalp o chwys a nerfau. Roedd ei fywyd yn grybibion, ei obeithion, ei freuddwydion yn deilchion.

A hyn wedi'r addewidion, wedi'r pleser.

"Naethoch chi addo'r byd imi," meddai'n ddagreuol, gan ochel rhag bod yn ymosodol â'r Syrcas-feistr yn ei gôt goch a'i wasgod hudolus gant-o-liwiau. "Es i weld y wraig o'n i'n fynnu. A naethoch chi addo y byddwn i'n dduw, yn cael *unrhyw* beth oeddwn i'n ddymuno. Naethoch chi ddeud bod y tair acrobat wedi 'mendithio i. Ond ges i 'ngwrthod."

"Pam y dyliwn i wneud duw ohonat ti, James?" gofynnodd Theodric, ei lais yn llyfn fel llafn.

"Am imi berswadio'r cyngor, am imi adael i chi aros a hynny'n groes i bob rheol."

"Rheol?" ebychodd Theodric, ar grwydr o hyd fel cath o gwmpas ei sglyfaeth. "Beth yw rheolau dynion i ni sydd erbyn hyn y tu hwnt i'r dynol?"

Ni fedrai James weld y dihiryn erbyn hyn. Safai Theodric y tu ôl iddo, ac roedd hynny'n dychryn y dyn cyngor.

"Naethoch chi ... addo," mentrodd James eto, "dim ond imi ..."

"Pitw ydi'r hyn sydd wedi ei sicrhau," rhuodd Theodric, ei ystafell amryliw yn crynu dan nerth ei lais.

Caeodd James ei lygaid; curai ei galon yn ffyrnig.

"Hawl dros dro, dyna i gyd," meddai'r Syrcas-feistr. Edrychodd Theodric ar draed James, ar y sgidiau cowboi. Gwenodd. A stampiodd droed gadarn ar ffêr y llall gan blygu'r esgyrn a'r llinynnau hyd at dorri.

Sgrechiodd James a thaflu'i ben yn ôl. Cydiodd Theodric yn ei wallt seimllyd a thynnu tuag at i lawr nes bod y gwythiennau a'r cyhyrau yng ngwddw James yn berwi.

"Hawl dros dro," meddai Theodric eto, ac yna, â'i lais fel utgorn yng nghlust y dyn cyngor, meddai: "PA MOR HIR YW DROS DRO, JAMES? DYDW I DDIM DROS DRO! DYDW I DDIM YN *DALLT* 'DROS DRO'."

Hyrddiodd Theodric y dyn ar draws yr ystafell nes iddo syrthio'n gadach llestri'n erbyn bwrdd.

Stryffagliodd James ar ei eistedd, ei ffêr ar dân. Rhwbiodd ei goes.

"Mi wna i ngorau glas," addawodd yn boenus. "Ond plîs, dw i'n erfyn, unwaith, dim ond unwaith eto: ga i gwmni'r tair acrobat."

"Na," meddai Theodric, ei lais wedi tawelu. Aeth at gwpwrdd mawr yng nghornel yr ystafell, agor ei ddrws ac estyn rhywbeth. "Dw i'n dymuno un weithred eto, un addewid," mynnodd, ei gefn at James. "Wedyn, efallai, mi gei di rym dros ddynion – a merched."

"Unrhyw beth!"

Trodd Theodric.

Griddfanodd James.

Roedd cyllell hir ac iddi lafn aur yn nwylo Theodric. Dislgeiriai'r carn yn y golau a sleifiai drwy ffenest yr ystafell, y trysorau oedd yn ei addurno'n fflachio fel pe baent yn fyw dan belydrau'r haul.

22

SACIO'R DIAWL, dyna fyddai Hywel Dolan yn ei wneud fory. Hyrddio'r cythraul bach drwy'r drws a'i nadu o rhag croesi'r rhiniog byth eto.

Tyrchodd Dolan drwy'r drôr am P45 Nathan Stevens. Doedd y boi'n ddim ond trafferth ers y cynta. Chwech ar hugain oed ac yn stacio silffoedd mewn archfarchnad: dim gronyn o hunanbarch, yr un iot o uchelgais.

Y domen sbwriel ddynol oedd yr unig le i lefnyn di-ddim fel Nathan Stevens.

Byddai Dolan yn cael modd i fyw fory wrth roi galwad ffôn i'r llo a rhoi cic fetafforig yn nhin y cnaf; neu ella y byddai'r gic yn un llythrennol. Mi fyddai'n rhaid ei alw i'r swyddfa felly.

Gwenodd Dolan wrth ddychymgu'r fath senario. Yna, tywyllodd ei wedd drachefn wrth iddo chwilio am y darn papur. Efallai y byddai'n rhaid sacio Lindsey hefyd am fod yn ysgrifenyddes mor chwit-chwat – chwit-chwat ond del ar y naw.

Ia, dyna'r broblem: del. Hogyn del oedd Nathan Stevens, ac yn ogystal â bod yn ddiog, roedd o'n olygus, a hawddgar – ac oherwydd hynny roedd pob un o ferched y staff wrth eu boddau â Nathan.

Roedd hynny'n codi mwnci Hywel Dolan.

O leia mi gafodd o esgus i syspendio Nathan, ei gadw fo rhag llygaid y merched. Doedd Dolan ddim yn credu am eiliad mai Nathan a fu'n gyfrifol am ladd Robbie Richards, ond roedd o'n benderfynol o ddefnyddio pob arf oedd ar gael i erlid y dyn ifanc.

Damia fo a'i genod, meddyliodd eto.

Y fo, Dolan, ddylai fod yn derbyn y sylw. Y fo oedd â'r grym a chredai fod merched yn cael eu denu tuag at rym. Ond na. Roedd o'n unig o hyd.

Roedd Hywel Dolan yn bedwardeg wyth, braidd yn foliog, bron yn foel. Bu'n briod unwaith, efo Sarah, y ddau yn clymu cwlwm eu cariad mewn capel yn ddwy ar bymtheg oed. Ond pharodd hynny ddim; dwy flynedd a bod yn fanwl. Diflannodd Sarah dan ddillad gwely dyn ifanc trwsiadus o'r enw Philip St Clare, Americanwr a ymwelodd â'r dre i ymchwilio i'w wreiddiau.

Bu Dolan yn sengl ers hynny, yn ddi-deulu ac yn unig.

Roedd hi'n naw o'r gloch yr hwyr, golau dydd yn dal i graffu drwy'r ffenest yng nghefn y swyddfa. Dim ond y fo oedd yn yr adeilad, gweddill y staff wedi ymadael bron i awr ynghynt wedi i ddrysau'r siop gau am saith.

Clywodd sŵn.

Arhosodd.

Sŵn traed: araf, rhythmig – clip, clip, clip, clip, yn dod yn agosach, agosach.

Dyn seciwriti, siŵr o fod. Aeth yn ei flaen a'i waith tyrchu.

Stopiodd eto.

Dyn seciwriti? Roedd y rheini'n bethau diog ar y gorau, yn ysu cael mynd adra i gysur cartref a theulu.

Edrychodd Dolan ar y ffôn.

A ddylai alw'r heddlu?

Roeddan nhw wedi ymweld â'r siop unwaith yr wythnos hon. Byddai'n rhoi delwedd anffodus i'r lle pe bai'r glas yma'n rhy aml, meddyliodd.

Ac yna meddyliodd: NATHAN STEVENS.

Wedi dŵad i ddial, i godi twrw.

Camodd at y ddesg a chodi'r ffôn.

Blinciodd y golau yn ei swyddfa.

Roedd y camau wedi stopio.

Yn union y tu allan i'r drws.

Diflannodd y golau.

Ochneidiodd Dolan.

Rhewodd ei waed.

Dechreuodd bren y drws wichian, y colfachau'n ymestyn fel pe bai pwysau anferthol yn gwthio'n ei erbyn.

"Pwy sy 'na?" mynnodd y rheolwr yn llipa.

Craciodd y pren.

Holltwyd y drws yn ddau a ffrwydro i'r ystafell.

Gollyngodd Dolan y ffôn, ei gorff yn crynu.

Gallai synhwyro cysgod enfawr yn sefyll yn nhywyllwch y coridor.

Ac yna, camodd cawr o ddyn du i'r swyddfa, ei gôt ledr hir yn chwifio y tu cefn iddo fel hwyl ar gwch.

"Pwy ... ar ... wynab ...?"

"Mr Dolan," meddai'r Consuriwr mewn llais dwfn fel y môr.

"Pwy ...?" Tagodd Dolan, yn gwingo o flaen y dieithryn.

Cerddodd y Consuriwr tuag at y rheolwr.

"Yma i'ch diddanu a chithau'n gweithio'n hwyr."

Syllai Dolan i fyny ar y cawr, ei gorff wedi rhewi, yn gwybod y dylai geisio dianc, yn deall mai ar ryw berwyl ofnadwy oedd y dyn du. Ond roedd hi'n rhy hwyr iddo wneud dim.

Ceisiodd Dolan sgrechian wrth i law fel rhaw gydio'n ei wyneb a'i wthio'n erbyn y ddesg.

"Ydach chi am weld tric?"

Ysgydwodd Dolan ei ben. Nid oherwydd fod y syniad o fod yn dyst i hud a lledrith yn wrthun, ond oherwydd bod ei holl gorff yn ysgwyd o dan ofn mwy dychrynllyd nag y medrai'i ddychmygu.

Ogleuai bydredd ar gledr llaw y dieithryn, teimlai'r bysedd nerthol yn gwthio i groen ei wyneb.

Ac yna, dechreuodd y teimlad newid. Nid pwysau blaen y bysedd ar ei fochau bellach, ond traed yn pitrwm patrwm dros y cnawd; ac yna, dros weddill ei wyneb.

A dechreuodd Dolan sgrechian wrth sylweddoli fod llaw y Consuriwr yn trawsnewid – o gnawd dynol i gannoedd o drychfilod.

Syllodd Dolan dan sgrechian, i fyw llygaid ei boenydiwr, wrth i hwnnw chwerthin yn aflan.

Roedd y miloedd traed yn goglais wyneb y rheolwr, yn ei ddallu, yn crwydro i'w ffroenau a'i geg.

Fe'i taflodd ei hun i'r llawr gan grafu ei wyneb i geisio glanhau'r cnawd o'r erchyllter.

Pitrwm patrwm, pitrwm patrwm dros ei wyneb. Teimlodd y trychfilod yn ei gorn gwddw, yn sur eu blas, yn frwnt wrth frathu croen tyner y lôn goch.

Stranciodd y rheolwr.

Edrychodd yn ymbilgar ar y dieithryn.

Ceisiodd sgrechian, ond roedd y creaduriaid ffiaidd yn ei fygu, yn cropian i'w grombil.

Nid oedd gan y Consuriwr law bellach; roedd y llaw honno a oedd wedi gorchuddio wyneb Dolan wedi toddi'n filoedd o bryfed arswydus. A rŵan, roedd gweddill y fraich yn diflannu, yn llifo'n fôr o'r un fath o fwystfilod a fygai'r dyn ar y llawr.

Strancio, strancio, strancio ddaru Dolan hyd y diwedd; hyd nes bod y trychfilod yn ei stumog, yn nhwll ei din, yn cnoi ar ei sgrotwm.

Hyd nes i linyn hir du o'r pryfed ymddangos o dwll bach gwaedlyd ym mol sylweddol Hywel Dolan a llifo'n ôl i ffurfio ysgwydd, braich, a llaw newydd ar gorff ei lofrudd.

23

CODODD RHIANNON STEVENS o'i heistedd a mynd am y drws.

"Dw i'n meddwl yr â i," meddai.

"Dach chi'n iawn, Mam?" holodd Nathan, pryder yn ei lais.

Nodiodd. "Di blino, dyna i gyd. Pryd bwyd hyfryd di rhoi blys cwsg arna i. Diolch o galon, Kim," meddai, gan gusanu'r ferch ifanc ar ei boch.

"Diolch am ddŵad, Rhiannon. Os wyt tisio sgwrs ..." cysurodd Kim.

Winciodd y wraig, dweud nos dawch a gadael Nathan a Kim yn yr ystafell fyw.

Roedd arogl ffrwythau yn codi o'r pren cul a losgai ar y silff ben tân, golau cannwyll yn taflu pelydrau direidus o gwmpas yr ystafell, a thawelwch yn cofleidio'r ddau ifanc wrth iddyn nhw swigio'n nerfus o wydrau gwin.

"Da 'di dy fam," meddai Kim gan dorri'r tawelwch.

"Mae hi'n dŵad o stoc dda," gwenodd Nathan.

Ysai Kim ddweud wrth Nathan am brofiad arswydus Rhiannon pan ymosododd James Lewis arni.

Ond wrth i'r ddwy lenwi'r peiriant golchi llestri ryw awr ynghynt, tra oedd Nathan yn canu 'Gee Ceffyl Bach' efo Cadi'n yr ystafell fyw, mynnodd Rhiannon iddi ddal ei thafod

Ufuddhaodd er mor anodd oedd hynny.

"Siŵr fod pethau'n anodd ar ôl marw dy dad."

Gwridodd Kim wrth ofyn y cwestiwn, ac er iddi geisio rhwydo'r geiriau wrth iddyn nhw forio o'i cheg, ni lwyddodd.

Ni sylwodd Nathan.

"Mor anodd ag y mae hi i bawb sy'n colli rhywun agos. Fuo fo farw'n 1975; ond ddaru Mam ddim gwywo na phydru'n ddim. Ddoth hi'n gryfach os rhwbath – yn fwy annibynnol. Dw i'n cofio'i chlywed hi'n crio droeon yn yr wythnosau cynnar. Ond mae'n debyg iddi benderfynu byw eto, byw er 'y mwyn i a Hannah."

"Dy chwaer?"

"O, ia. Mam ddim 'di sôn amdani hi?"

Ysgydwodd Kim ei phen.

"Mae hi 'di priodi. Dau o blant, Siôn a Cai. Byw yn Stoke."

"Fuo gynnoch chdi erioed awydd i briodi?" *Eto,* meddyliodd Kim. *Wyt ti 'di gneud hi eto'r jolpan wirion.* Y peth diwetha oedd hi am wneud oedd codi testun priodas; a hithau'n ceisio anghofio am y fath gyflwr.

"Na, 'rioed 'di meddwl," meddai Nathan, yn ysgwyd ei ben a gwenu.

Roedd o'n eistedd ar y llawr wrth ymyl y lle tân, Kim ar y soffa: ond roedd y naill am fod wrth ochr y llall.

"Ddudodd Rhiannon bo chdi 'di ennill Cân i Gymru."

"O, *shit,*" meddai Nathan yn gorchuddio'i wyneb mewn ffug-embaras. "God, mae mamau'n medru bod yn boen."

"Plîs," meddai Kim. " 'Swn i'n leicio clwad."

Estynnodd Nathan ei gitâr. Fel pob gitarydd, pob canwr a chyfansoddwr, roedd Nathan yn ysu perfformio'i gyfansoddiadau i gynulleidfa, ond fel y rheini i gyd roedd o'n rhoi'r argraff ei fod yn gyndyn.

Dechreuodd strymio. A chanu. Llifodd y felodi'n felfedaidd o gwmpas yr ystafell wrth i Nathan ganu'n dawel rhag deffro Cadi a gysgai yn ei llofft.

Wrth aros yma
yn y gaea gwaetha
yn yr oriau oer
mae 'na rywun yno
dros y gorwel pella
yn gysur imi siŵr o fod
yn fil gwaith gwell na fi
yn fil gwaith gwell imi

Strymiodd y cord ola. Gwenodd ac edrych ar Kim. Diflannodd ei wên. Roedd 'na dristwch yn ei llygaid, deigryn ar ei boch.

"Ddrwg gen i," meddai'n dawel. "Do'n i'm yn meddwl 'i bod hi gynddrwg â hynny."

Llithrodd Kim o'i sedd a phenglinio o'i flaen. Cusanodd o'n dyner ar ei foch. Rhoddodd Nathan y gitâr o'r neilltu.

"Ga i neud rwbath?" gofynnodd.

"Rwbath," sibrydodd Kim, deigryn o hyd yn ei llais.

Plygodd a'i chusanu ar ei gwefus – gwefusau cynnes, gwlyb yn pwyso i'w geg.

"Dyna o'n isio neud," meddai Nathan, gan eistedd yn ei ôl.

"O, ocê," meddai Kim. "Gei 'di neud hynna."

A dyma fo'n gwneud eto.

O ben y grisiau gwyliai Cadi â rhyw hanner gwên ar ei hwyneb.

24

EFO LLYGAID A WELSAI erchyllterau poenus y dilynodd Richard Jones symudiadau Sharon, y nyrs, o gwmpas ei ystafell yn Nhegfan wrth iddi dwtio.

Nid o unrhyw flys corfforol y gwyliai'r ferch ifanc, ond er mwyn symud rhywfaint ar ei wddw a llacio'r tensiwn a oedd yn ei raffu mor greulon.

Gwyddai fod Y Syrcas wedi dychwelyd. Gwyddai hefyd eu bod yma, nid yn unig i hawlio'r hyn a fynnai'u duw, ond i setlo cownt.

Doedd na *neb* yn dianc rhag eu crafangau. Ond roedd Richard Jones wedi llwyddo. A bu'n diodde'n arswydus oddi ar hynny.

Droeon dros y degawdau diawliodd yr anabledd a oedd wedi'i rwystro rhag cyrraedd gweddill y plant a suddodd i ebargofiant ar y comin hwnnw yn 1898.

Ni wyddai faint o boen a ddioddefwyd ganddynt wrth i'r bwystfil eu derbyn; efallai'n wir eu bod yn cael eu poenydio hyd heddiw. Ond roedd o'n bendant y buasai'r boen honno'n well na'r ganrif o ddioddef a fu'n gymaint o fwrn arno.

Roedd o eisiau rhybuddio trigolion Geregryn, ond doedd ganddo na'r nerth na'r gallu i wneud.

A phwy fyddai'n credu hen ddyn gwirion?

Dim ond Nathan, ac mi gâi'r bachgen y gwir cyn bo hir. Ond a fyddai hwnnw'n credu?

Roedd hon yn oes oleuedig, ac er mai dim ond canrif a aethai heibio, roedd ofergoeliaeth wedi cilio i raddau helaeth. Doedd ar neb ofn Duw bellach; doedd 'na fawr neb yn *credu* yn Nuw bellach. Pan oedd o'n ifanc, roedd enw'r Hollalluog yn danfon ias hyd ei asgwrn cefn. A'r bygythiad o uffern a ddeuai'n aml o dafodau tân y gweinidogion, yn rhewi'i waed.

Roedd diffyg ofergoeliaeth yn beryglus.

Ond pam y dylai ef, Richard Jones, boeni?

Byddai'n gorff marw cyn bo hir; gwyddai nad oedd ganddo fawr o amser yn weddill ar y ddaear.

Pa wahaniaeth beth ddigwyddai wedyn ac yntau'n gelain, wedi ei gasglu at ei dadau?

Ond na, ni fedrai deimlo felly: doedd hunanoldeb ddim ymysg ei ffaeleddau.

Crychodd ei ffroen.

Daeth rhyw oglau brwnt i'w goglais.

"Be 'di'r ogla 'na?" clywodd Sharon yn holi.

Cododd ei ben ac edrych arni. Roedd hi'n syllu ar ddrws yr ystafell.

"Fatha ... petrol," meddai.

Sgrechiodd Sharon wrth i'r drws gael ei hyrddio'n agored, a nofiodd yr arogl petrol i'r ystafell.

Syllodd Richard Jones ar y gwallgofddyn blêr a safai yn y drws, can petrol yn un llaw, dagr addurnedig yn y llall.

25

PE BAI MAX yn gwybod fod ei gymar bywyd, yr eiliad honno, yn cyplu â dieithryn, does wybod pa fath o apocalyps fyddai'r cyn-filwr wedi'i greu.

Roedd o am waed Kim ond iddi edrych ar ddyn arall, a byddai'n malurio unrhyw ddyn a feiddiai wneud unrhyw fath o ystum tuag at ei wraig.

Y *fo* oedd i ddweud pwy oedd i sgwrsio a phwy oedd *ddim* i sgwrsio a'i eiddo.

Cafodd myfyriwr druan gweir aruthrol gan Max mewn tafarn ar ôl mentro gwasgu heibio i Kim.

"Sgiws mi," meddai'r dyn ifanc yn ddigon diniwed, ei ddwylo wedi'u lapio am dri pheint o lager.

"Sori," meddai Kim gan symud o'r neilltu i wneud lle, a gwenodd – gwên gyfeillgar, dim awgrym o ddim byd mwy.

"Diolch," ymatebodd hwnnw gan lithro heibio iddi, ei benelin yn braidd gyffwrdd ag ysgwydd Kim.

Yna, teimlodd law drom yn pwyso ar gefn ei wddw. Trodd i wynebu Max.

"Be ddudist ti wrth 'y ngwraig i?"

"D ... dim byd ..." meddai'r myfyriwr yn ddryslyd.

" 'Nes di wenu ar 'y ngwraig i 'n do?"

"N ... Na ..."

Daeth talcen Max i gysylltiad â thrwyn y dieithryn a syrthiodd i'r llawr, y gwydrau a'u cynnwys yn tasgu o'i gwmpas. Sathrodd Max ar ben y truan, ac yna'i gicio'n ei stumog.

Yng nghanol yr hali-balŵ, llusgwyd Max o'r dafarn gan ei fêts, gan adael ei sglyfaeth yn gwingo yn y gwydr a'r cwrw ar lawr y dafarn, ei ffrindiau yntau wedi rhuthro i gynnig help llaw.

Os oedd gwên ddiniwed yn cynddeiriogi'r dyn tywyll, beth fyddai effaith cnawd ar gnawd? Beth fyddai chwys a griddfan a ffwcio diffuant yn ei ysgogi?

Roedd o'n ddigon blin ar y gorau, wedi gorfod cerdded am filltiroedd ar ôl cael madael â'r dyn a'r ferch a'r Rover glas. Ni ddaeth y bawd ag unrhyw lwc iddo, a melltithiodd Max y ceir a ruthrai heibio iddo wrth i'r dydd wyro dros y gorwel a'r tywyllwch sleifio o'i gwmpas.

A rŵan, roedd hi'n nos. Dim sŵn ond ei anadl ei hun; ambell i gi'n cyfarth yn y pellter; buwch yn brefu.

Roedd hi'n drymaidd a'r chwys yn peri i'w grys lynu fel ail groen wrth ei gnawd. Fe'i gorfododd ei hun i gerdded fyny'r llethr yn y lôn, a phan ddaeth i'r brig arhosodd; a'i longyfarch ei hun.

Fel clwstwr o ganhwyllau'n fflachio yn erbyn glesni tywyll y nos, disgleiriai goleuadau Geregryn yn y pellter.

Gobeithiai na fyddai 'na ormod o drafferth. Un person, mewn gwirionedd oedd yn haeddu poen ar ddiwedd hyn.

Llyfodd Max ei wefusau sych. Roedd blys diod arno.

A blas mwrdwr ar ei dafod.

26

CAMODD JAMES LEWIS dros gorff Sharon Owens cyn plygu ar ei gwrcwd a thynnu'r gyllell o'i brest. Roedd ei gwisg wen wedi newid ei lliw wrth i'r anaf waedu.

Edrychodd James ar yr hen ddyn bregus a orweddai yn y gwely.

Cael madael â hwn, ac mi ga i'r byd, meddyliodd.

Dyna oedd addewid Theodric.

Er cymaint y byddai Richard Jones yn dyheu am gael gorffwys unwaith ac am byth, roedd marwolaeth yn ei ddychryn. Crynodd wrth ddychmygu'r boen a ddeuai wrth i'r gyllell waedlyd suddo i'w groen brau.

Edrychodd y dyn o'i gwmpas. Roedd staff Tegfan wedi clywed y mwstwr a sgrechian Sharon. Sylwodd Richard fod ofn yn llygaid ei lofrudd; ofn a gwallgofrwydd.

Roedd Theodric a'i giwed dieflig yn danfon y lloerig i weithredu ar eu rhan y dyddiau yma.

Dechreuodd James Lewis dywallt petrol o gwmpas yr ystafell, dros ddillad gwely Richard, ar gorff Sharon.

Clywodd leisiau llawn panig o'r coridorau y tu allan.

Gwyddai'r swyddog cyngor na fyddai'n marw'n y fflamau a fyddai'n chwipio drwy Degfan. Byddai Theodric a pha bynnag dduw roedd yn ei addoli, yn ei amddiffyn. Roedd Theodric wedi gaddo'r byd iddo.

Taniodd fatsien.

WWWWWWSH!

Ffrwydrodd yr ystafell mewn gwres o goch ac oren.

Ac wrth i'r fflamau oglais ei gorff â'u bysedd brwnt, wrth i'w sgrechian dystio i'r boen, dechreuodd James Lewis amau'r addewidion.

27

BU'R DDAU'N GALARU mewn ystafell fyw ddieithr.

Roedd hi'n hanner awr wedi saith y bore, haul ifanc yn deffro'n oren dros orwel glas, dagrau newydd yn gymysg â theimladau hen.

Daethai Rhiannon draw hanner awr ynghynt ar ôl derbyn galwad gan yr heddlu. Ffwndrodd a gwridodd Kim wrth ateb y drws, yn ymddiheuro gan ddisgwyl drwgdeimlad yn sgîl yr hyn a ddigwyddodd rhyngddi hi a mab y wraig welw a safai ar y rhiniog.

Ond doedd Rhiannon ddim yn flin; yn wir, roedd hi'n falch o'r hyn a ddigwyddodd, ac yn gobeithio o'r diwedd fod Nathan wedi dod o hyd i rywun a fyddai'n ei ddeffro o'i freuddwydion.

Galwyd Nathan o'r gwely a datgelwyd y newyddion. Ni fedrai grio'n syth: byddai dagrau'n siŵr o ddilyn. Ond llenwyd y dyn ifanc â rhyw wacter dychrynllyd wrth feddwl am yr hyn a ddigwyddodd yn Nhegfan.

"Pwy fydda'n g'neud y ffasiwn beth?" gofynnodd Rhiannon yn ddagreuol.

Doedd gan Nathan mo'r ateb. Eisteddai ar y soffa, ei wallt yn wyllt, ei lygaid yn sych o gwsg, ei gorff o hyd yn blasu cnawd Kim.

Roedd Kim yn y gegin yn paratoi coffi. Troai ei phen fel meri-go-rownd: ei hemosiynau'n pendilio o fodlonrwydd i dristwch, yn ôl ac ymlaen, yn ôl ac ymlaen. Roedd hi'n falch o fod yn y gegin, yn ddigon pell o lygaid Rhiannon. Llifai embaras drwy gorff Kim fel trydan wrth feddwl am fod yn yr un ystafell â mam y dyn y bu hi'n ei garu ychydig oriau ynghynt.

Ond gwyddai fod y ddau, y fam a'r mab, ei hangen ar hyn o bryd. Ni allai eu herlid o'i chartre gan fynnu eu bod yn mynd â'u galar i'w haelwyd eu hunain; roedd hi'n fwy na bodlon i'w rannu.

Ond roedd yr amgylchiadau'n ... lletchwith.

Yna, clywodd gloch y drws yn canu am yr eildro y bore hwnnw.

Rhuthrodd drwodd i'r ystafell fyw. Roedd Rhiannon yn sefyll wrth y ffenest yn gwylio'r ceir heddlu'n ymgasglu yn Lôn Fudr, a gwelodd lenni'r tai gyferbyn yn dod yn fyw.

Agorodd Kim ei drws ffrynt.

"DI Roy Morgan. Dyma DC Carwyn Hall," meddai'r llais awdurdodol.

Edrychodd Nathan tua'r newydd ddyfodiaid: y Bensil a Carwyn Hel Clecs yn ei erlid drachefn.

"A, Mrs Stevens; Mr Stevens," meddai Morgan wrth weld y ddau. "Doedd na'm ateb acw. Dipyn o lwc i ni ddod ar ych traws chi'n fa 'ma."

"Be fedran ni neud i chi?" gofynnodd Kim.

"Gawn ni ddŵad i mewn? Diolch," meddai'r plisman tal gan groesi'r rhiniog yn ddiwahoddiad. "Am gael gair sydyn efo Mr Stevens 'dan ni."

"Dydach chi ddim am 'y meio i am y tân," meddai Nathan yn ddirmygus.

Gwridodd y plismon. "Y ... na ... ddrwg gen i glywed am yr hyn a ddigwyddodd i Richard Jones. DI Gareth Fazakerley sy'n delio â'r tân," meddai, ac yna'n adennill ei hyder: "Na, am wbod lle roeddach chi neithiwr, o gwmpas yr wyth 'ma."

"Pam?" holodd Nathan yn gadarn, yn dechrau cael llond bol ar yr holi a'r swnian.

"Jyst atab y cwestiwn, Nathan," meddai Carwyn Hel Clecs, rhyw wên ddirmygus ar ei wefus, ei lygaid yn crwydro bob hyn a hyn i goesau llyfn Kim wrth iddyn nhw ddod i'r golwg o dan ei gŵn wisgo.

"Mi oedd Nathan a Rhiannon yn fa'ma neithiwr," meddai Kim, yn synnu ar ei phendantrwydd. Edrychodd Nathan arni'n sefyll yno, ei breichiau wedi'u plethu, ei llygaid porffor yn haearn yn wyneb ei elynion. Eiliadau fel rhein sy'n magu cariad, meddyliodd.

"A lle'r aethoch chi wedyn, Mr Stevens?" holodd DI Morgan, gan roi'r pwysau eto ar sgwyddau Nathan.

Ond y ferch atebodd.

"I'r gwely," meddai Kim. Gwyddai ei bod yn gwrido, gwyddai fod dafnau o chwys yn gwthio i'w thalcen, yn glynu wrth ei gwallt brown. "Efo fi."

Gwenodd Nathan wrth weld yr embaras ar wyneb Morgan a Hall.

"Pam 'dach chi'n gofyn?" holodd Rhiannon, hithau rŵan yn neidio i'r bwlch i amddiffyn ei mab.

"Mi ddaethpwyd o hyd i gorff Hywel Dolan yn ei swyddfa'r bore 'ma," meddai'r DI.

Rhewodd y gwaed yng ngwythiennau Nathan, llifodd y lliw o groen ei wyneb.

"Does na'm tystiolaeth i dy gysylltu di â'r digwyddiad, fel nad oedd tystiolaeth i dy gysylltu di â marwolaeth Robbie Richards a diflaniad Cathy Lovell."

"Ond, Inspectyr. Mae 'na 'ond' ar ei ffordd, yn does?" meddai Nathan.

"Ond," meddai'r pensil o blismon, "rhyfedd o beth i chdi ddwrdio â'r tri oriau cyn iddyn nhw naill ai farw, neu ddiflannu."

"Ydach chi'n cyhuddo ..." dechreuodd Rhiannon.

"Dim ond deud ..."

"Peidiwch â *deud* dim mwy, inspectyr," meddai Kim. "Dw i'm yn lecio'r ffordd 'dach chi 'di martsio i nghartre i; dw i'm yn leicio tôn ych llais chi – mae gen i hogan fach bump oed yn cysgu fyny grisiau; a dw i'm yn leicio'r ffordd mae'ch ci bach chi ..." syllodd i fyw llygaid Carwyn Hel Clecs, "... yn edrach ar 'y nghoesau i."

Pe bai Carwyn Hall yn hufen iâ, byddai wedi toddi'n hylif yn y fan a'r lle.

Pe bai Kim yn rhywun arall, ni fyddai'n crynu fel deilen gerbron nerth a hyder ei geiriau ei hun.

28

GWYLIODD MAX DAVIES y ceir heddlu a oedd wedi ymgasglu yn Lôn Fudr fel pryfed o gwmpas celanedd.

Cyrhaeddodd Geregryn ychydig oriau ynghynt a llwyddodd i berswadio rheolwr rhyw dwll o westy i roi gwely am y noson iddo.

Cysgodd yn ei ddillad, a deffrodd efo'r wawr.

Erbyn hyn, a Lôn Fudr o'i flaen, roedd o'n chwyslyd ac yn boeth. Tynnodd ei siaced ledr a'i chrogi dros ei ysgwydd. Ogleuodd ei hun: roedd o'n drewi fel ffwlbart.

Ond ta waeth. Roedd Max Davies wedi cyrraedd ei nod. Ond a oedd yna eraill wedi cyrraedd o'i flaen? A oedd newyddion drwg o lawenydd mawr wedi gwibio yma ar ras?

Ai dyna oedd yr heddlu a heidiodd yma'n ei wneud?: dweud hanes diwedd gwaedlyd Jemma tra bod Kim yn crynu crio.

Byddai'n rhaid brysio; ond eto doedd o ddim am fod yn fyrbwyll.

Tybiai Kim ei fod o yn Sbaen o hyd, siŵr o fod, ac roedd hynny'n rhoi amser a rhyddid iddo.

Ond roedd Max ar bigau'r drain, yn ysu gweld wyneb ei wraig unwaith eto ac ogleuo'r dychryn a welai yn ei llygaid.

Doedd o heb benderfynu'n union pa ddioddefaint y byddai'n ei drefnu iddi. Ond gwyddai Max y byddai o'n mwynhau'r gosb yn ei holl fanylder, yn ennyn pleser o bob eiliad, pob sgrech a ddeuai o'i chorff maluriedig.

Felly, yn ôl i'r gwesty. Peint neu ddau yn nhafarndai'r dre. Crwydro o gwmpas.

A dychwelyd yn hwyrach.

29

GWYLIODD THEODRIC y Consuriwr drwy ffenest ei gaban yn y lori fawr. Roedd meistr yr hud a lledrith yn diddanu rhai o blant Geregryn â'i driciau dieflig.

Dim ond llond llaw o ieuenctid y dre a oedd yno, wedi crwydro o'u cartrefi ar ddiwrnod hyfryd i flasu miri mawr y syrcas. Byddant yn ei heglu hi am adra o fewn dim ac yn erfyn ar eu rhieni: "Gawn ni fynd i'r syrcas? Plîs gawn ni fynd i'r syrcas?"

Cewch siŵr, meddyliodd Theodric gan droi'i gefn ar y diddanu ac ymestyn ei gorff ystwyth ar wely hir. Mi gewch chi ddod i'r syrcas, ac aros yn y syrcas. Aros am byth.

Caeodd ei lygaid a chysidro.

Oedd, roedd pob dim mewn trefn.

Yr un a ddihangodd ganrif ynghynt wedi'i gosbi; neb yn amheus o wir bwrpas y perfformwyr; y noson fawr wedi cyrraedd heb fawr o drafferth.

Roedd Theodric yn falch o weld diwedd Richard Jones. Roedd y llipryn coes glec wedi llithro o'u gafael pan ddaethant yma ddiwetha. A doedd Arglwydd y Pydew ddim ar ei orau o wybod fod un yn rhydd.

Roedd cael rhywun yn rhydd, yn dyst i'r gyflafan, yn fygythiad. Ac er i Richard Jones gael oes i bregethu a rhybuddio, roedd y dial fel gwin ar wefus Theodric. Ac ar wefus y Cynhaliwr, siŵr o fod.

Pe bai rhyw Richard Jones wedi tystio i'r aberthau

blaenorol, byddai'r syrcas a'i diben ofnadwy wedi'i ddatgelu.

Ond roedd y genhedlaeth hon wedi taflu o'r neilltu eu hofergoeliaeth, eu hofnau, eu ffydd yn y Pethau Di-enw.

Roedden nhw'n ddiogel.

A braf, yng nghanol hyn i gyd, oedd gweld fod llinach Richard Jones erbyn hyn yn dioddef.

Cyd-ddigwyddiad oedd i'r ddau grwydryn – y dyn a'r ddynes – ddod i ffiniau'r syrcas y diwrnod o'r blaen. Roedd hi wedi cyflawni'i phwrpas fel yr aberth agoriadol, y gwaed amhur, y cnawd a oedd wedi ei faeddu; yr aberth sydd ei angen i ddeffro Arglwydd y Pydew o'i gwsg.

Ei ddeffro o'i gwsg a'i baratoi am waed pur, ei gynhaliaeth am gan mlynedd arall o huno yn y fagddu.

Cyd-ddigwyddiad ffodus oedd i'r ddau fod yn gyfeillion ag un o dylwyth Richard Jones. Cyfleus hefyd fod y bachgen, Nathan, wedi dwrdio â'r ddau cyn iddynt ddiflannu; ac yn sgîl hynny roedd llygaid yr awdurdodau'n syrthio arno fel storm ar dir.

Do, mi welodd Theodric hynny, wrth grwydro o gwmpas Geregryn y tu allan i'w gorff.

Ar y wibdaith honno, i gael blas ar y dre a'i phobol, yr ymwelodd Theodric â Richard Jones.

Dim ond y rhai a'i gwelodd o'r blaen a oedd yn medru ei weld o hyd, ac roedd Theodric wedi cael pleser o'r dychryn yn llygaid yr hen ddyn. A phleser o sylwi fod ei linach hefyd o dan ormes ei rym.

Dyna pam y bu i'r rheolwr siop farw dan law y Consuriwr; 'myrraeth – dyna'i gyd oedd hi. Ymdrech eto i boenydio gwaed y teulu a ddihangodd ganrif yn ôl. 'Myrraeth, meddyliodd Theodric a chwerthin yn dawel.

Cododd ar ei eistedd a syllu drwy'r ffenest drachefn. Roedd y plant wedi sgrialu, eu sŵn wedi'i fygu gan dawelwch llethol yr haf.

Syllodd ar y comin gwyrdd. Roedd hwnnw fel y bu ers canrifoedd, er bod llawer wedi newid dros y blynyddoedd y buont yn gorffwys yng nghôl danbaid eu duw.

Ond doedd esblygiad dyn o goedwig i goncrid heb atal llif y tywyllwch, a byddai plant Geregryn yn dilyn llwybr plant y Berth ganrif ynghynt, ddwy ganrif ynghynt; mileniwm ynghynt.

Ochneidiodd Theodric wrth i luniau'r gorffennol lenwi'i feddyliau.

Cymaint o amser wedi mynd heibio; cymaint o amser fel na allai'i fesur.

Yma, islaw'r comin gwyrdd tra llosgai'r byd, y bu'n rhaid iddo fo a'r addolwyr eraill gladdu eu duw i'w ddiogelu rhag y fflamau. Ac yma y dychwelant, o ba le bynnag y buont yn gorffwys, i fwydo ac i fagu ac i ddiolch i Arglwydd y Pydew am eu bendithio â bywyd tragwyddol.

Pe bai'n wangalon ac yn ddynol, byddai Theodric wedi crio.

Ond cyn i'r dagrau feiddio ymddangos tynnwyd ei sylw gan y car heddlu a yrrai'n ara deg bach i'r comin.

Roedd yr awdurdodau'n llawer mwy busneslyd y dyddiau hyn; yn llawer clyfrach na'u rhagflaenwyr, meddyliodd wrth godi ar ei draed a thynnu'r gôt goch amdano.

Ta waeth, roedd yr awr ar ddyfod.

Camodd Theodric i'r haul cynnes, a chwysodd ei gorff wrth i'r gwres ei gusanu.

Cododd law yn gyfeillgar ar y ddau blismon a oedd wedi camu o'u cerbyd, a chrwydro i'w cyfeiriad.

Penderfynodd, o ran 'myrraeth, na châi'r dynion adael yn fyw.

30

MAEN NHW YMA!

Y geiriau fel clychau angau yn ei glustiau.

Maen nhw yma!

Yn canu fel seiren fytholegol yn temtio morwyr i'w marwolaeth.

Maen nhw yma!

Rhybudd dychrynllyd Richard Jones.

Eisteddai Nathan mewn ystafell fechan yn swyddfeydd Jones, Roberts, a Cartrwright, y cwmni cyfreithwyr a oedd â gofal dros ewyllys Richard Jones. Nid fod yna fawr o ewyllys. Yr unig beth oedd yn weddill o dros ganrif o fyw oedd yr hen gofnodlyfr a orweddai ar y ddesg dderw o flaen y dyn ifanc.

Cafodd Nathan alwad gan Ifor Cartwright am ddeg y bore hwnnw, yn gorchymyn iddo ddod i'r swyddfa.

"Yn 1987, mi gawson ni'r llyfryn yma gan Mr Jones i'w gadw nes iddo farw. Wedi marwolaeth Mr Jones, roedd y llyfr i'w gyflwyno i chi," meddai Cartwright, ei lais yn swyddogol, ei lygaid drwy'r sbectol hanner lleuad, yn awdurdodol.

Maint A4 oedd y llyfr, y clawr o hardfwrdd du a'r tudalennau'n felyn wedi hir oes. Rhoddodd Nathan ei drwyn yn y llyfr ac arogli henaint y gyfrol. Pan yn blentyn, roedd Nathan yn mwynhau arogli llyfrau newydd a gadael i oglau'r cemegau oglais ei ffroenau. Crychu ei drwyn ddaru o y tro hwn.

Roedd o'n ddryslyd wrth syllu ar y clawr: yr hapus-rwydd a deimlodd rai oriau'n ôl dan y dillad gwely efo Kim, yn wlad bell, wedi'i gladdu fel carcas.

Daeth heintiau'r dyddiau diwetha'n ôl i lenwi ei feddyliau: marwolaeth Robbie; diflaniad Cathy; mwrdwr Dolan.

A'r unig ddolen gyswllt yn hyn i gyd, yn llygaid yr heddlu, oedd Nathan Stevens.

Byddai'n colli Robbie a Cathy (yn enwedig Cathy), ond am Dolan ... a dweud y gwir, ni fedrai Nathan deimlo'r un gronyn o gydymdeimlad. Ond ni fuasai erioed wedi dymuno'i farwolaeth.

Droeon dros ginio yng nghantîn yr archfarchnad, roedd Nathan a'i gyd-weithwyr wedi trafod ffyrdd anghynnes, ond doniol, o ladd y rheolwr.

Aeth ias drwyddo'r eiliad honno: beth pe bai un o'r rheini'n siarad? Beth pe bai'r chwarae'n troi'n chwerw?

"*Conspiracy* washi. *Conspiracy to kill,*" meddai llais dirmygus Carwyn Hel Clecs yn ei feddyliau.

Y peth gwaetha ddaru Nathan i'r rheolwr erioed oedd rhoi *laxative* yn ei goffi, a gwylio efo'r lleill wrth i Dolan fynd a dod o'r toiled drwy'r bore. A beth am yr adeg pan archebodd o gyri poeth i Dolan ryw amser cinio, a hwnnw'n mynd yn gandryll wrth wynebu bil o ddeuddeg punt ac yn gaddo dod o hyd i'r cnaf oedd yn gyfrifol?

Triciau hogyn ysgol, ac roedd gan Nathan gywilydd ohonynt erbyn hyn a Dolan yn gorff.

Ceisiodd ysgwyd y delweddau o'i ben drwy fwrw golwg ar lyfr nodiadau Richard Jones.

Ond yn hytrach na gwella'i sefyllfa, gwaethygu ddaru pethau wrth i Nathan dyrchu drwyddo.

Roedd y tudalennau'n llawn nodiadau, lluniau, straeon a hanesion wedi'u torri o lyfrau ac wedi'u gludo i'r tudalennau; ac i gyd yn trafod yr un peth: Y Syrcas.

Roedd un tudalen a dorrwyd, yn amlwg o lyfr arall, yn dangos llun clown mawr yn arwain rhesiad o blant i fyny dibyn serth. O dan y llun roedd ysgrifen, wedi gwywo rhywfaint dros yr oesoedd, mewn Saesneg hen ffasiwn.

Ni allai Nathan ddarllen y geiriau, ond roedd Richard (debyg) wedi sgwennu nodyn mewn inc glas ar y dudalen:

Pamffled gyhoeddwyd gan Roger Mallory yn 1834.

Roedd bwa cam, eto o law Richard Jones, yn pwyntio tuag at golofn hir a dorrwyd o bapur newydd o'r cyfnod:

Roger Mallory of Stoke, a former ship's captain, who had become obsessed with the children of the North Wales village of Y Berth, was hanged yesterday for the murder of three boys. At his trial Mallory had claimed to be symbolically saving the children from a vile fate which would befall the future generations of Y Berth. Mallory made the strange claim that a daemonic circus appeared in the village every century to claim the children as sacrifice to its monstrous god."

Dyddiad y papur newydd oedd Tachwedd 1836.

Oeroedd esgyrn Nathan: syrcas ddieflig ... yn ymddangos bob canrif ... *maen nhw yma!*

Islaw i'r adroddiad hwnnw roedd darn o'r *Observer* ac arno'r dyddiad 1800:

Members of the militia have now left the North Wales village of Y Berth where sixty-four men and women were found dead, ravaged by some unknown plague, two years ago. It was said that no children were amongst the deceased and many of those dwelling in surrounding areas have told of a strange curse which befalls the village each one hundred years. This bewitching has not prevented the repopulation of Y Berth and as the militia prepared to leave, with no solution to the mystery at hand, some forty-seven people were said to have moved into the village."

Trodd Nathan y dudalen, cyffro a dychryn yn gyffur yn ei wythiennau.

Mwy o luniau, mwy o adroddiadau, mwy o sgriblo Richard Jones.

Daeth i dudalen o dan y pennawd : Y BERTH.

Doedd dim trefn i'r traethawd, dim ond geiriau wedi'u plethu ar draws ei gilydd, ond sugnodd Nathan y geiriau fel y gwelodd Cathy'n sugno'r heroin i'w gwythiennau ddyddiau ynghynt.

"SEFYDLIAD: YN OES RHUFEINIAID; BRYN YR ABERTH? 14G: Y BERTH. ADDOLI'R DIAFOL? ABERTH GWAED? FY MHENTREF WEDI EI FELLTITHIO: Y PRIDD YN LLAWN DRYGIONI."

... ac ymlaen, ac ymlaen.

Geiriau dyn gwallgo? Ond doedd Richard ddim yn wallgo. Nid y Richard y bu Nathan yn ymweld ag o ers blynyddoedd. Un digon rhyfedd oedd o, byth yn yngan gair o'i ben wrth neb, ac yn syllu â'r llygaid trist hynny ar bawb a phopeth; ond nid dyn gwallgo mohono.

Roedd hefyd llwyth o gyfeiriadau at hanes y syrcas, ac adroddiadau am ymweliadau gan syrcas â'r cylch ar adeg y gyflafan yn y gorffennol.

Aeth Nathan drwy'r gyfrol i gyd cyn dod i'r dudalen ddiwetha a gyfansoddwyd yn 1987 a Richard Jones wedi cyrraedd pen ei dennyn:

"UNARDDEG MLYNEDD YN WEDDILL NES DYCHWELIAD Y NHW SYDD HEB OED. PWY GREDITH FI? FEDRA I WNEUD DIM."

Caeodd Nathan y llyfr, chwys yn tasgu o'i gorff.

Edrychodd ar ei watsh: tri o'r gloch. Bu yma ar goll gyda chyfrinachau'r llyfr ers hanner awr wedi deg y bore.

Yn oes y teledu, yn oes teithio i'r lleuad, yn oes 'ateb-i-bob-dim' doedd 'na neb i wrando ar chwedlau hen ddyn unig a oedd wedi treulio'i einioes yn ceisio mynd at wraidd yr hanes. Ac roedd Nathan yntau'n ei chael hi'n anodd credu'r un gair rywsut, er bod cynnwys y llyfr wedi danfon iasau i lawr asgwrn ei gefn.

Roedd o wedi clywed y chwedl, fel pawb arall yng Ngeregryn, ond faint o bobol oedd yn cymryd y fath rwtsh o ddifri?

Ond roedd yna rhywbeth anghynnes yn cnoi yn stumog Nathan wrth iddo adael swyddfeydd y cyfreithwyr.

31

"DEUD WRTHA I am Max."

Roedd y cwestiwn wedi hongian yn yr awyr fel bwyell, ac roedd yn rhaid i'r fwyell syrthio a hollti'r gwddw.

Gwyddai Kim fod y cwestiwn yn anochel ac wedi sgwrsio'n hir efo Rhiannon y dydd hwnnw, gwyddai'r fam ifanc fod y wraig arall yn sicr o brocio'n ddyfnach.

Roedd Cadi'n cysgu, wedi blino yn sgîl bwrlwm y bore. Llond llaw o bobol yn unig oedd wedi rhannu poen Kim hyd yn hyn, ac ella'i bod hi'n amser rhannu efo rhywun newydd.

Nathan oedd y dewis naturiol. Ond er eu hagosrwydd y noson cynt (ac roedd Kim wedi dymuno – yn wir, wedi cychwyn – yr agosrwydd hwnnw), roedd 'na o hyd amheuaeth ynglŷn â rhannu pob dim â dyn.

Felly roedd hi'n disgwyl, a hyd yn oed yn annog y cwestiwn. A daeth yr ateb fel môr, yn donnau di-dor.

Eisteddai Rhiannon yno fel delw, hithau wedi profi perthynas dyner â Meirion hyd at ei farwolaeth dair mlynedd ar ddeg yn ôl. Gwacter a ddaeth i ddilyn hynny, ac er bod y boen yn aros, roedd ei hatgofion o'u cyfnod gyda'i gilydd fel hen win, a'i flas yn gwella gyda threigl y blynyddoedd.

Gwacter oedd ym mywyd Kim rŵan hefyd, ond gwacter gwahanol: yn ddyfnach ac yn dywyllach.

"Diwedd y gân hefo Max oedd y noson cyn yr aeth o i

Sbaen efo'i ..." oedodd Kim a chymryd llymaid arall o de. "Aethon ni i'r pyb. Do'n i'm yn cael mynd fel arfer ... roedd yn gas ganddo fo'r syniad fod dynion yn sbio arna i medda fo: sbio arna i heb 'i ganiatâd o."

Ysgydwai Rhiannon ei phen mewn syndod wrth i Kim ddweud ei hanes.

Aeth Kim yn ei blaen:

"Roedd 'na griw o ffrindiau Max yn y pyb ac mi ddechreuon nhw chwarae pŵl. Gawson ni aros ar ôl amser cau, criw bach ohonan ni, Max, fi a phedwar o'i fêts o. Ro'n i isio mynd adra at Cadi. Roedd hogan drws nesa'n cadw llygaid arni a duw a ŵyr be feddyliodd hi. Aeth y gêm yn 'i blaen, Max a'r lleill yn yfed, a betio ar y pŵl. Finnau'n ysu mynd o'r twll tywyll 'na, ond Max yn nadu i mi fynd. Oedd 'y meddwl i'n bell pan ddudodd o 'Gewch chi honna', a'i weld o'n pwyntio'r ciw i 'nghyfeiriad i. Roedd o wedi colli pres. Roedd y lleill 'di synnu pan gynigiodd o fi fel preis. O'n i 'di dychryn; fedrwn i ddeud na gneud dim; do'n i'm yn credu a deud y gwir. A phan gollodd o'r gêm dyma fo'n 'n llusgo i at y bwrdd pŵl. Ro'n i'n crio ac yn tynnu'n 'i erbyn o: ddim yn gwbod be i neud. Nes i edrach i gyfeiriad y bar gan obeithio y byddai'r landlord yn rhoid stop ar be oedd yn mynd i ddigwydd: ddaru o ddim ond wincio arna i."

Roedd Kim fel mewn breuddwyd, yn syllu i 'nunlle wrth adrodd y stori'n oeraidd. Aeth ias drwy Rhiannon a chrynodd er gwres yr haf. Doedd hi ddim am glywed hyn ond teimlai fod y fath gyfaddefiad yn llesol i Kim, yn gatharsis i buro'i bywyd briw.

"Mi ddringodd Max ar y bwrdd a'n nal i lawr. 'Gwatshia'r *cloth*', medda'r landlord. 'Pwy sy'n dechrau?' medda Max. A mi ddôth dau ohonyn nhw 'mlaen. Ro'n i'n stryffaglio, yn strancio, yn begian ar i Max stopio. Dwi'n cofio cau 'n llygaid. Teimlo dwylo diarth yn rhwbio. Clwad sŵn gweiddi. Drws yn malu. Rhywun yn 'y nhynnu fi oddi ar y bwrdd."

Stopiodd Kim gan sugno awyr i'w sgyfaint.

"Kim," meddai Rhiannon yn bryderus.

"Peth nesa o'n i'n 'i wbod, ro'n i'n y polis stesion a rhywun yn gofyn os o'n i'n dymuno dŵad â chyhuddiadau'n erbyn y dynion. Nesh i ddeud 'na'."

"Pam?" Roedd syndod yn llais Rhiannon.

"Rhag ofn be fydda Max yn 'i neud. Rhag ofn i fi golli Cadi."

Roedd tawelwch, Rhiannon yn sugno'r stori i fêr ei hesgyrn, Kim wedi ymlâdd ar ôl yr ymdrech o'i phuro'i hun.

Ac yna, canodd y ffôn, yn gyllell drwy'r tensiwn.

Neidiodd Kim cyn ei godi.

"Kim Davies," meddai, dryswch yn ei hwyneb. "Jemma? Yndw, dw i'n nabod Jemma."

Wrth i'r ferch wrando ar bwy bynnag oedd ar ben arall y ffôn, sylwodd Rhiannon fod y lliw yn diflannu o'i hwyneb, fod dychryn yn cydio'n ei nerfau.

Aeth stumog Rhiannon yn glymau tyn.

Rhoddodd Kim y ffôn i lawr a syllu'n arswydus i fyw llygaid y llall.

"Max," meddai'n dawel.

Cydiwyd y ddwy gan ofn newydd wrth i'r droed drom hyrddio'n erbyn pren y drws ffrynt a'i falu'n siafins.

32

WRTH ADAEL YSTAFELL Theodric ni welodd DI Roy Morgan law fawr wen maint pwced yn llithro drwy'r ffenest agored a chau fel feis am wyneb ei gyd-weithiwr.

Ni fyddai Carwyn Hall yn hel clecs byth eto, yn enwedig â chyllell fawr finiog wedi ei chrafu ar draws ei gorn gwddw gan agor y cnawd yn wên lydan gignoeth.

"Diolch eto, Mr Theodric," meddai DI Morgan wrth gamu allan i haul cynnes y comin. "Ddrwg gen i'ch distyrbio chi ond mae 'na bethau digon rhyfadd 'di digwydd yng Ngeregryn; a hynny, mae arna i ofn, ers i chi a'ch syrcas landio."

"Falch iawn o'ch gweld chi, falch iawn i fod o gymorth i'n cyfeillion yn yr heddlu," meddai Theodric yn ffug-gwrtais.

Taflodd y DI ei sigarét i wellt y comin a sathru ar y stwmp myglyd. Teimlodd belydrau'r haul yn ei grasu, ac ogleuodd yr awyr iach. Yna, trodd yn ddryslyd i gyfeiriad drws y cerbyd mawr.

"Duw, lle'r aeth DC Hall?"

"I'r tŷ bach, mae arna i ofn. Y te Darjeeling wedi deud arno fo," meddai Theodric gan arwain y plismon o gyffiniau'r cerbyd lle'r oedd Hall yn cicio a strancio a thagu gwaed i'r llaw fawr a oedd yn gwasgu'r bywyd ohono.

"Be am i chi fwrw golwg ymlaen llaw ar y babell fawr," meddai Theodric, gan gyfeirio'r ditectif tuag at y babell amryliw anferthol a safai fel allor enfawr yng nghanol y comin.

"Pam lai," meddai Morgan. "Mae hi'n flynyddoedd ers i mi fynd i'r syrcas." Ella gwela i rwbath, meddyliodd, dwi'm yn trystio'r dyn 'ma na'i syrcas.

"Rhaid i chi ddŵad i weld y sioe. 'Sgynnoch chi blant?" gofynnodd y Syrcas-feistr.

"Rhy hen i'r syrcas mae gen i ofn. Ond mi fasa'r wyrion yn mwynhau."

"Aaaa," ochneidiodd Theodric, naid yn ei lais.

"Ond maen nhw'n byw i ffwrdd."

"Ooo," griddfanodd y Syrcas-feistr. "Ta waeth. Geith Taid fwynhau ar eu rhan nhw."

Camodd y ddau o gynhesrwydd ffres y comin i wres llethol a thrymaidd y *big top*. Roedd yr awyr yn drwm o aroglau siafins a gwair, a sylwodd y DI ar y stêm a grwydrai i'r nenfwd o'r cylch mawr yng nghanol y babell.

"Be 'dach chi'n feddwl, ditectif?"

"Penigamp," meddai Morgan gan edmygu maint y babell. "Faint o gynulleidfa gewch chi mewn tent o'r faint?"

"Oddeutu dwy fil," meddai Theodric â balchder yn ei lais.

"Tent go hegar, Mr Theodric."

Ac yna, rhewodd DI Morgan.

"Gadewch i mi gyflwyno Melot," meddai Theodric.

Cerddodd y corrach tuag at y plismon, ei ben wedi'i blygu'n ôl er mwyn i'r cleddyf lithro'n gyfleus i lawr ei gorn gwddw. Gafaelodd Melot yng ngharn y cleddyf a'i dynnu'n araf o'i geg.

Syllodd y DI mewn syndod wrth i'w lygaid ddilyn y cleddyf ar ei thrywydd o'r lôn goch. Tynhaodd ei stumog.

Roedd y cleddyf yn hirach na'r corrach.

"Sut – ?"

Ond cyn iddo ennyn ateb i'w gwestiwn, roedd Roy Morgan yn wynebu pos llawer anos: sut i atal ei berfedd rhag tywallt i'r siafins islaw ar ôl i'r corrach â'r cleddyf hollti ei stumog.

Syllodd y ditectif ar Theodric â dryswch yn ei lygaid. Gwenodd y Syrcas-feistr. Gwelodd y DI y corrach cythreulig yn dawnsio a chwerthin a chwifio'r cleddyf marwol fel baner o gwmpas ei ben. Ac yna, gwyrodd Morgan ei ben i weld malurion ei stumog.

Ceisiodd ddal ei du mewn yn ei le efo'i ddwylo, ond roedd y gwaed yn pistyllio o'r anaf, yn gwlychu ei groen yn gynnes, a chochi gwyn ei grys.

Daeth pendro drosto, a dechreuodd deimlo'r boen. Dechreuodd riddfan wrth i realiti'r sefyllfa ei ddyrnu.

"Hei bòs: dw i 'di colli 'mhen."

Trodd Morgan ei ben i gyfeiriad y llais, a thrwy lygaid niwlog gwelodd Glown maint cawr yn sefyll ym mynedfa'r babell; ac yn ei law roedd pelen waedlyd.

Pelen ac arni wyneb DC Carwyn Hall

Y peth diwetha feddyliodd Morgan oedd: ble y gadawsai Carwyn Hall weddill ei gorff?

33

HYRDDIWYD KIM ar draws yr ystafell nes iddi daro'n erbyn cwpwrdd uchel gan sgrialu'r lluniau o Cadi a hithau ar hyd y llawr. Teimlodd esgyrn ei hasennau'n gwegian yn erbyn y pren caled, a chlywodd y gwydr yn fframiau'r lluniau'n malu.

Er i Rhiannon brotestio, doedd Max ddim mewn tymer i wrando.

Cydiodd hi yng ngwallt Max wrth iddo gamu am ei wraig unwaith eto.

Ond roedd Max yn gry fel bustach.

Cythrodd yng ngarddwrn Rhiannon a'i throi nes i'r asgwrn gracio. Sgrechiodd y ddynes mewn poen a braw.

"Meindia dy fusnes y ffycin lesbian!" rhuodd Max gan ei dyrnu yn ei stumog ac yna'n ei hwyneb. Syrthiodd Rhiannon yn llipa i'r llawr.

Aeth Max at weddillion y drws ac astudio'r pren maluriedig; ac yna, plygodd a chodi darn hegar a throi'i sylw'n ôl at ei wraig.

Roedd Kim wedi'i llusgo'i hun at gorff Rhiannon.

"Gad hi lonydd, Max," begiodd, dagrau'n powlio dros ei gruddiau i gymysgu â'r gwaed a oedd yn tywallt o'r briw ar ei thalcen.

"Sym o'r ffordd, yr ast fach," meddai Max yn filain. " 'Na i dy sortio di ar ôl gorffan efo'r lesbian. Os 'di hon 'di dy faeddu di, wyt ti angan dyn fyny dy dwll, does? *Gei* di flas ar ddyn ar ôl imi setlo petha efo hon," rhybuddiodd Max.

"SYM O'R FFORDD!" rhuodd.

Ac yna, clywodd y swnian bach o ben y grisiau.

Trodd a syllu i fyny tuag at Cadi a safai yno yn ei dagrau.

Goleuodd wyneb Max.

"Cadi ..." griddfanodd Kim.

Heb droi i edrych ar ei wraig ysgubodd Max y darn pren drwy'r awyr a tharo Kim yn glec ar ei gên.

Roedd gwên ar ei wyneb o hyd wrth iddo gamu'n dawel i fyny'r grisiau i gyfeiriad y ddelw fechan a oedd yn syllu arno â dychryn yn farmor ar ei hwyneb.

34

WRTH BASIO i gyfeiriad ei gartre gwelodd Nathan fod drws tŷ Kim yn grybibion.

Rhewodd y gwaed yn ei wythiennau a rhuthrodd am yr agorfa maluriedig.

"KIM!"

Doedd o ddim wedi disgwyl gweld ei fam yno.

Doedd o'n sicr heb ddisgwyl gweld ei fam yn llipa a gwaedlyd ar lawr yr ystafell fyw.

"Mam! Mam!"

Plygodd Nathan a chydio'n dyner yn Rhiannon.

Aeth rhyddhad drwyddo wrth ei chlywed yn griddfan: o leia roedd hi'n fyw.

"Pwy nath hyn?" holodd yn ddryslyd wrth sylwi ar ei garddwrn a oedd wedi chwyddo'n falŵn biws, y gwaed yn tywallt o'i thrwyn a'i cheg.

"Kim ... Cadi ..." sibrydodd Rhiannon drwy'r boen. "Max. Ffonia ... polis..."

35

"DADI'N ÔL, Dadi'n ôl, Dadi'n ôl," canodd Max wrth yrru'r Sierra coch o Geregryn.

"Wyt ti'n falch, aur bach?"

Crynai Cadi yn y sedd wrth ei ochr, y ddol wedi ei gwasgu i'w chôl fel pe bai'r plastig di-ddim yn ei hamddiffyn rhag y dyn dychrynllyd 'ma.

"Lle mae mam?" criodd Cadi'n dawel.

"Yn sâff rŵan. Pawb yn sâff rŵan efo Dadi."

"Dwi isio Mam!" meddai'r hogan fach, y dagrau'n ffrydio.

Dechreuodd Max gynhyrfu. Doedd o ddim wedi arfer â hyn. Lle Kim oedd setlo'r dagrau. Ond doedd Kim ddim ar gael.

"Taw â dy grio," rhybuddiodd Max, yn edrych o'r lôn i'r ferch am yn ail.

Roedd ei goesau'n crynu, ei stumog yn dynn wrth i'r hogan dywallt ei dagrau.

Beth oedd o i fod i'w wneud pe bai hi'n cael histerics?

Sut oedd o i ddelio â'r fath beth?

Yn yr un ffordd ag y câi Kim ei thrin?

Ond na. Doedd Max erioed wedi cyffwrdd pen bys yn ei hogan fach.

Doedd o ddim yn *deall* cysuro.

Creulondeb oedd yr unig beth.

Ar hyd ei oes.

Ers yn blentyn ei hun.

Cweir ar ôl cweir ar ôl cweir.

Ond ddaru o'm drwg iddo fo.

Siŵr o wneud lles i hon hefyd.

"Paid â bod mor anniolchgar, hogan. Dw i 'di dŵad i dy achub di. Stopio Mam rhag bod yn frwnt. T'isio bod efo Dadi'n does? YN DOES!"

Ond dal i grio ddaru Cadi.

A dal i syllu arni'n ddryslyd ddaru Dadi.

Syllu arni hi.

Ar y lôn.

Arni hi.

Ar y lôn.

Arni hi.

Ar y ... cawr mawr, gwyn, trwyn coch.

Yng nghanol y lôn!

Ddegllath, saithllath, bumllath o flaen y car.

Slamiodd Max droed gadarn ar y brêcs.

Sgrechiodd y car.

Gwyrodd Max y cerbyd i'r chwith.

Saethodd gwyrddni'r clawdd trwchus tuag ato ...

36

"BE UFFAR T'ISIO MYND i ryw syrcas wirion?" rhuodd Colin Phillips, copi o'r *Daily Star* yn bastwn yn ei law dde.

"Pawb arall yn mynd," atebodd Iolo'n swil.

"I be?" heriodd ei dad.

"Jyst am laff," meddai Iolo a'i lais yn cwafro.

"Blydi hel," meddai'r dyn mawr gan ei ollwng ei hun i gadair feddal. "'Di bwyd yn barod!"

"Pum munud," meddai llais tila Donna Phillips o'r gegin.

"Dw i jyst â blydi llwgu. A mae'r blydi mab 'ma sgen i isio mynd i blydi syrcas a fynta'n ffortîn bron. Chwysu gweithio o'n i pan o'n i'n i oed o."

Roedd Iolo'n chwys drosto'r funud 'ma. Gwyddai y byddai hyn yn gwylltio 'i dad. Ac roedd Iolo gymaint o eisiau bod fel ei Dad.

Ond roedd y Consuriwr wedi mynnu iddyn nhw gadw'n dawel am yr addewidion oedd i ddod i'w rhan, dim ond iddyn nhw ymweld â'r syrcas.

Daeth ei fam i'r ystafell fyw.

Gwraig fechan oedd Donna Phillips, yn wrthgyferbyniad llwyr i'r goliath o ŵr a oedd ymhell dros ei chwe troedfedd ac yn pwyso un stôn ar bymtheg yn ei drôns.

Yn ddeugain oed, roedd hi saith mlynedd yn fengach na'i chymar, ac roedd y pymtheg mlynedd y buont yn bâr priod wedi dweud arni.

Iolo oedd eu hunig epil. Roedd Colin wedi darganfod bod ei gyfri sberm yn isel rai blynyddoedd ynghynt. Er ymdrech lew i ddadbrofi'r farn feddygol, ni ddaeth na brawd na chwaer i gadw cwmni i Iolo.

Roedd y newyddion wedi bod fel ergyd o wn i'r dreifar lori, ac er na chyffyrddai ben bys yn naill ai 'i wraig nac Iolo, roedd ei dymer fel llosgfynydd a byddai'r gweiddi fflamychol yn ddigon i doddi mêr esgyrn Donna a'i mab.

"Faswn i'm yn leicio i chdi fynd ar ben dy hun," meddai Mrs Phillips.

"Mae Cris a Carwyn a'r lleill yn mynd, Mam," ymbiliodd Iolo.

"Nid ar ôl y petha sy 'di digwydd yn ddiweddar," meddai, heb gymryd sylw o'i mab.

"Mae gan hogyn yr artist 'na rwbath i neud â'r peth," mynnodd Colin wrth syllu ar fronnau merch siapus ar dudalen tri o'r *Star*. "Ddudodd Bob Coch neithiwr fod y cythral bach 'di cael 'i arestio. Isio crogi'r diawl sy."

Stwffiodd Colin law flewog lawr blaen ei drowsus a chrafu ei geilliau.

Tynnwyd sylw Iolo o genlli eiriol ei dad gan sŵn crawcian uchel o'r tu allan.

"Be 'dio, Iol?" gofynnodd ei Fam gan gymryd cipolwg ar *Neighbours* cyn dychwelyd at ei chyfrifoldebau yn y gegin.

Syllodd Iolo i gyfeiriad canol y dre, yn gwrando – gan geisio anwybyddu parablu'i dad ynglŷn â chrogi a Bob Coch a pwffs yn mynd i'r syrcas.

Dechreuodd ei galon guro'n gyflymach wrth i'r mwg du trwchus godi fel cynfas y tu ôl i adeiladau llwyd Geregryn.

Dechreuodd glas y nefoedd gael ei orchuddio dan y blanced dywyll, y blanced oedd yn fyw o grawcian.

Gwaniodd ei bledren, meddalodd ei goesau.

"Blydi hel," meddai Colin Phillips gan syllu ar yr un olygfa. "Be uffar – ?"

Ehangodd y llen du yn don dros las yr awyr.

Ac yna, diflannodd yr haul.

37

DDWY FILLTIR o Geregryn, ymhlith tusw o dai drud o'r enw Cyffiniau, baglodd Max Davies o Sierra coch ei wraig.

Roedd ei ben ar dân, wedi'i hyrddio'n erbyn yr olwyn wrth i'r car drywanu i'r clawdd.

Edrychodd ar Cadi a safai fel delw wrth ochr y car, golwg o ddychryn llwyr ar ei hwyneb.

"'SA TI 'DI MEDRU'N LLADD I, Y NYTAR!" gwaedd-odd Max wrth hercio am y Clown efo'r bwriad o roi cweir syfrdanol i'r jocar trwyn coch.

Ond arhosodd wrth weld maint ei wrthwynebydd: saith troedfedd os nad mwy, yn llydan fel ceg ogof, ac ewinedd fel twca fara.

"Dydach chi'm am nadu i'r hogan fach fwynhau'r syrcas?" gofynnodd y Clown gan wenu a dangos ei ddannedd melyn, miniog.

Rhwbiodd Max ei ben wrth syllu ar y ddrychiolaeth, a meddyliodd am ennyd mai'r glec ar ei dalcen a oedd yn peri iddo weld y fath ddelwedd afreal.

"O hen Ddadi drwg dach chi," dwrdiodd y Clown. "Isio mynd i'r syrcas, Miss?" holodd y Clown gan syllu heibio i Max ar Cadi'n sefyll wrth ymyl y car – ei doli'n hongian yn llipa o un llaw.

Gweld sêr ddaru Max. Teimlo poen yn ei ben fel pe bai ceffyl wedi'i gicio. Ei stumog yn bygwth gwagio wrth iddo droi a throsi drwy'r awyr. Clec arall i'w ben wrth i'w gorun daro pridd caled yn y cae o ŷd melyn a lechai y tu ôl i'r clawdd gwyrdd.

Dangosodd y Clown ei fod wedi brifo ei ddwrn a dechreuodd gogio crio.

"Sws yn well. Sws yn well," meddai'n ffug-ddagreuol gan gyflwyno'i ddwrn i Cadi.

Yn ddiniwed a dryslyd, dechreuodd y ferch gerdded tuag ato.

38

ROEDD DAU RESWM dros y glasenw a roddwyd i Robert Milligan. Roedd Bob Coch yn dwb o ddyn o Fanceinion a chanddo lond pen o wallt lliw rhwd a fo a gadwai'r Ceiliog Coch, un o dafarndai mwya poblogaidd Geregryn.

Roedd y Sais boliog wedi setlo'n dda ers iddo gyrraedd Geregryn yn sgîl ysgariad ddeng mlynedd ynghynt, i gymryd yr awennau yn Y Ceiliog Coch. Priododd ferch leol, dysgodd Gymraeg, bu'n dad i ddau o feibion, ac yn bwysicach na dim, cafodd ei dderbyn gan yfwyr selog y dre fel 'un ohonyn nhw'.

Newid baril o Tetley yn y selar oedd o pan glywodd y llais yn gweiddi o'r bar: "Bob Coch, tyd yma! Tyd i weld hyn, boi!"

Dringodd y grisiau, ei wynt yn ei ddwrn, a phan gyrhaeddodd y bar roedd y lle'n wag fel y Marie Céleste.

Clywodd y crawcian swnllyd a lenwai'r awyr, gwelodd nad oedd dafnyn o oleuni naill ai y tu mewn na'r tu allan i'r dafarn. Yn wir, roedd hi fel y nos, a sylwodd ar ffurfiau ei gwsmeriad yn sefyll yn y stryd y tu allan.

"Be sy?" gofynnodd wrth ymuno â nhw. "Iesu mawr," cableddodd gan syllu i'r fagddu uwchben Geregryn.

Roedd yr awyr yn ddu bitsh, a'r cwmwl trwchus yn symud fel pe bai'n fyw. "Dy wisgi di'n gryfach nag arfer," meddai Siôn Jones, sgerbwd o ddyn a fu'n yfed yn Y Ceiliog Coch ers cyn co.

"Gweld petha dw i, Bob Coch?"

Ysgydwodd Bob Coch ei ben yn ara deg, methu'n glir â derbyn na deall yr hyn yr oedd o'n ei weld.

Cafodd awydd i syrthio ar ei bennau gliniau ac erfyn maddeuant gan Dduw Hollalluog, oherwydd tybiai Bob Coch fod diwedd y byd ar droed. Ar drothwy mileniwm newydd, mewn byd modern o gyfathrebu byd-eang a chrefydd newydd â elwid yn wyddoniaeth, roedd y Sais o'r farn ei fod yn dyst i Armagedon Feiblaidd; apocalyps o'r hen ysgol, yn llawn cythreuliaid ac angylion, fflamau oes oesol, eneidiau condemniedig.

Gwelodd Bob Coch, yn y cwmwl tywyll hwnnw, filoedd o lygaid milain yn syllu arno, miloedd o adenydd ellyllon Uffern yn chwipio drwy'r awyr ac yn anelu'n syth amdano fo.

A phan ddaethant o'r nefoedd duon uwchlaw i bigo'r llygaid o'i ben roedd o'n parablu a baldorddi ar i Dduw ei achub rhag y Tân Tragwyddol.

* * *

Doedd PC Don Povey heb ddisgwyl wynebu'r fath gyflafan pan ddanfonwyd o i Geregryn. Diawl lwcus, meddan nhw. Tre fach, dawel yng ngogledd Cymru. Fawr o drafferth; y *natives* i gyd yn siarad Cymraeg; ffarmwrs yn gneud misti-manyrs efo'u defaid 'di'r unig gambihafio gei di yno. Chwerthin mawr.

O na fyddai hynny'n wir.

Safai'n awr yng nghanol sgrechiadau'i thrigolion a oedd yn sgrialu ar draws ei gilydd i ddianc rhag yr erchyllterau o'u cwmpas, yng nghanol sŵn crawcian byddarol arswydus y pla du yn yr awyr.

"Stopiwch!" gwaeddodd ar un neu ddau, a'r rheini'n sgrechian wrth i'r ydfrain mileinig ddeifio o'r awyr ac ymosod arnynt.

Syllodd ar un hen ddyn a oedd yn gorwedd ar stryd brysuraf Geregryn yn strancio a gwichian wrth i flanced o adar du, creulon bigo'u ffordd drwy'i gnawd.

"Na!" ochneidiodd PC Povey, yn gwasgu'i fochau rhwng ei ddwylo a gwthio'r het oddi ar ei ben.

Anadlodd yn gyflym. Ni fedrai sugno awyr iach i'w sgyfaint gan fod y miliwn biliwn o adenydd brwnt uwchlaw wedi mygu Geregryn: oglau marwolaeth a phydredd oedd yn ei ffroenau.

Ond drwy'r gweiddi a'r sgrechian a'r crawcian, clywodd PC Povey'r llais melfedaidd o'r tu cefn iddo.

"Yma o hyd?"

Trodd Don a syllu'n syn ar y dyn du, tal a safai â gwên ar ei wyneb yng nghanol y llanast.

"Mae hi'n fler yma," meddai'r dyn, dan wenu o hyd ac yn camu tuag at y plismon.

"Pwy ...?" dechreuodd PC Povey gan gyffwrdd yn y pastwn du a orffwysai ar ei glun.

Syllodd y dyn du tua'r awyr. "Hyfryd, yn tydyn?" meddai. Syrthiodd ei lygaid ar PC Povey drachefn. "Ond be am un tric arall i gwblhau'r sioe."

Fel stripar yn datguddio'i hun o flaen cynulleidfa o ddynion barus, chwipiodd y Consuriwr ei gôt hir ledr o'r neilltu.

Sgrechiodd PC Povey fel na fu'n sgrechian yn ei fywyd. Ond daeth diwedd sydyn i sŵn ei arswyd. Roedd nifer o lygod mawr ffyrnig yr olwg a dywalltodd o gorff y dyn du i orchuddio Don Povey wedi prancio i'w geg agored a dechrau cnoi ei laryncs.

*   *   *

Syllodd Huw Lewis o ffenest ei ystafell wely. Ni fedrai gredu'r hyn a oedd yn digwydd yn y byd y tu allan; yng Ngeregryn: yr awyr yn fagddu o ydfrain blin a'r strydoedd yn drwch o lygod mawr milain.

Roedd Huw wedi diodde cymaint dros y dyddiau diwetha. Bu marwolaeth Robbie a diflaniad Cathy'n ergyd iddo. Ac yn waeth na hynny roedd o'n tybio mai Nathan oedd yn gyfrifol.

Gwyddai fod Nathan yn genfigenus o Robbie a Cathy, gan mai ef oedd wedi cyflwyno'r ddau'n y lle cynta ac yntau, ar y pryd, yn canlyn â'r ferch.

Pan ddaeth yr heddlu i holi Huw, dywedodd fod Nathan wedi dwrdio â'r ddau pan fu'r band yn ymarfer y tro diwetha. Ond difarodd iddo agor ei geg wedyn. Doedd o ddim am ei gyfri'n un a oedd yn cario clecs, ond roedd ei feddwl yn un darlun o ddryswch.

Ac i roi coron ddrain ar ben ei holl broblemau, roedd ei dad wedi diflannu.

Pam? I lle'r aeth y dyn? Roedd o wedi bod yn ymddwyn yn rhyfedd yn ddiweddar, ond un rhyfedd fuo Dad efo'i obsesiwn â chowbois: gwylio'r *Westerns* un ar ôl y llall, gwisgo'r dillad wrth fynd allan am noson.

Efallai ei fod wedi reidio'i geffyl cogio dros y gorwel i chwilio am fachlud gwell.

Ond doedd na'r un machlud na gwawr i'w gweld ar hyn o bryd dros Geregryn.

Daeth sgrech o'r ystafell fyw.

"Mam!"

Rhedodd i lawr y grisiau.

Bu bron iddo chwydu pan welodd yr olygfa yn yr ystafell fyw.

Gorweddai Penny Lewis yn gorff ar lawr yr ystafell, brathiadau mân dros ei hwyneb ac achos y brathiadau hynny'n gorlifo i weddill y tŷ.

Ac yng nghanol adfeilion ei deulu, yn eistedd fel mewn breuddwyd ar y soffa, roedd ei frawd fenga Cristian.

Udodd Huw. Udodd a chriodd ddagrau plentyn wrth

i'r llygod ddringo ei goesau a dechrau brathu. Ac wrth suddo dan fôr o flew bras, edrychodd ar ei frawd a meddwl: pam wyt *ti'n* cael llonydd?"

* * *

Gwell o beth coblyn na'r gorffennol, meddyliodd y Consuriwr wrth grwydro maes y gad unochrog. Roedd yr ardal boblog yma wedi cynnig llawer mwy o sbort na'r pentre bychan hwnnw a ddilëwyd ganddynt yn gyson dros y canrifoedd.

Roedd cyrff ymhobman; yn marw ac yn farw. Cyrff ar ben ei gilydd fel brics wedi'u gosod yn sylfaen i ryw adeilad erchyll. Cyrff oedolion Geregryn wedi eu cyffwrdd gan greaduriad y pla.

Buasai un brathiad, un pigiad, gan greadigaethau'r Consuriwr yn ddigon i ladd; ond yn amlach na heb, byddai'r Consuriwr yn caniatáu iddynt gael mwy o hwyl hefo'u sglyfaeth cyn eu diweddu.

Roedd Theodric wedi'u rhybuddio y byddai hyn yn anos nag o'r blaen: roedd pobol yn fwy craff, yn llai ofergoelus, meddai.

Ond roedd hynny'n fantais hefyd gan fod trigolion yr ardal yn llai tebygol o guddio y tu ôl i'w Beiblau, yn eu tai addoli, roedd hi'n haws i'w cyrraedd.

Yn hytrach na dianc i ddiogelwch capeli cadarn, roedd y rhain yn crwydro i'r strydoedd i fusnesu a gweld pa firi mawr oedd ar droed.

Safodd yn stond ac estyn ei freichiau allan i ffurfio siâp croes.

"Dowch adra, blantos," meddai'n dawel ymhlith y crawcian a'r gwichian byddarol.

Dechreuodd yr ydfrain chwyrlïo fel corwynt yn yr awyr, ac yn rhesiad hir rhuthrasant yn ôl i gorff eu creawdwr.

Chwipiwyd y llygod mawr, dan wichian yn wallgo, hefyd tuag at eu tarddiad.

Roedd hi fel pe bai glanhawr enfawr yn codi'r creaduriad i ryw sugnydd baw arallfydol.

Ac wrth i'r heidiau dinistriol rasio'n ôl i gôl eu meistr, dechreuodd un corff maluriedig symud yn ara deg.

Craffodd y Consuriwr wrth glywed sŵn sisial y tu cefn iddo. Ni fedrai wneud dim ar hyn o bryd; roedd o'n ddi-amddifyn tra bo'i gorff yn ymgymalu drachefn.

Ta waeth, meddyliodd, ga i fadael â'r un pen galed wedyn.

"Hei," meddai llais crebachlyd.

Neidiodd calon y Consuriwr, a throdd i gyfeiriad y llais. Dros ei ysgwydd, gwelodd bâr o sgidiau cowboi lledr – llawer o'r defnydd wedi ei losgi a'i doddi'n ddu – yn gwthio'n rhydd o dwmpath o gyrff.

Hysiodd ei blantos yn ôl i'w cuddfan, ond doedd dim pwrpas: byddai ailgartrefu'n cymryd amser.

Safodd y dieithryn, y meirw'n syrthio oddi arno fel dillad.

Crychodd y Consuriwr ei drwyn wrth i'r arogl croen wedi'i losgi daro'i ffroenau.

Roedd y corff wedi'i grasu, rhannau o'r cnawd cignoeth yn blorod erchyll, llawer o'r corff yn barddu.

"Deimlish i 'run dim, washi," meddai'r llais cryg, sŵn fel pe bai rhywun wedi rhwbio tu mewn i gorn gwddw'r creadur â phapur bras. "Ac yli be sgen i."

Daliodd y Consuriwr ei wynt wrth i'r cnawd maluriedig estyn cyllell ddrudfawr yr olwg. Cyllell Theodric; â thlysau ar y carn, y llafn o arian pur.

Ni allai'r dyn du wneud dim tra bo'i greadigaethau'n ymdoddi'n ôl i'w gorff. Byddai dianc, neu ymosod, rŵan yn farwol. Roedd golwg o ddychryn yn ei lygaid am y tro cynta ers y tân mawr; y tân hwnnw a fu'n achos crwydriadau diderfyn y creaduriaid.

Fel meseia dieflig, safodd yno a'i frechiau ar led. Ac fel pob meseia doedd ganddo ddim gobaith. Gwyddai be ddeuai nesa. Daeth ei waedd ymbilgar am drugaredd eiliad cyn i'r gyllell werthfawr rwygo drwy ledr ei gôt a hollti asgwrn ei gefn.

Syrthiodd ar ei liniau, cau ei lygaid yn erbyn y boen, i alaru dros ei holl blant oedd yn awr yn wynebu marwolaeth.

Llanwyd yr awyr â fflachiadau o dân wrth i'r ydfrain a'r llygod lu a oedd eto' heb gyrraedd croth eu mam gwrywaidd ffrwydro'n fflamau.

Ymunodd y Consuriwr yng nghytgan marwolaeth ei epiliaid erchyll, wrth iddynt wichian a chrawcian yn druenus a'u tad un ac oll yn prysur golli'i afael ar fywyd.

Drwy esgyrn a chnawd ac organau, rhwygodd James Lewis y gyllell ar draws cefn y Consuriwr.

Caeodd ei glustiau i'r sgrechian dychrynllyd, i'r ffrwydriadau o'i gwmpas wrth i'r ydfrain a'r llygod mawr ddarfod yn eu miloedd.

Tywalltai rhyw hylif gwyn o'r hollt yng nghorff y dyn du, a phe bai'r tân yn Nhegfan heb falurio gallu'r swyddog cyngor i glywed oglau, byddai wedi gorfod brwydro'n galed i atal y chwŷd a godwyd gan y tawch afiach.

Rhwygodd James y gyllell o'r anaf a syrthiodd ei sgylfaeth i'r llawr. Sbyrtiodd yr hylif o'r anaf. Ac yn yr hylif hwnnw gwelodd y llofrudd gant a mil o embryonau pinc yn strancio'n erbyn yr anochel.

Embryonau creaduriad dinistriol na fyddai'r Consuriwr byth eto'n esgor arnynt.

39

MEGIS DECHRAU oedd dinistr Geregryn pan gyrhaeddodd Nathan y fan lle'r aethai car Max i'r clawdd.

Deg munud o redeg fel pe bai holl ellyllon Uffern ar ei sawdl, ac roedd o wedi cyrraedd Cyffiniau.

Yn ystod y daith, roedd o, fel Job, wedi edrych dros ei ysgwydd. Gwelodd y fagddu'n gorchuddio'i dref enedigol; clywodd y sgrechian a'r crawcian wrth i'r boblogaeth (yr oedolion o leia) ddod wyneb yn wyneb â chludwyr eu gwae.

Unwaith y stopiodd.

"Mam," meddai dan ei wynt a daeth dagrau i'w lygaid. Bu bron iddo ddychwelyd; roedd o rhwng dau feddwl. Ond gwyddai ei bod hi'n rhy hwyr a rhuthrodd yn ei flaen gan sylweddoli fod Max yn sicr o geisio dychwelyd ei eiddo i'r cartre priodasol.

Nid ystyriodd Nathan pam y dechreuodd redeg. Ni chysidrodd nad oedd ganddo obaith dal car. Ond roedd rhesymeg wedi'i fradychu; yn enwedig ar ôl iddo ddarllen cofnodion Richard Jones; ar ôl iddo dystio i'r hyn a ddigwyddodd i'w fam.

Dim ond wrth gyrraedd y ddamwain y daeth ato'i hun a'i gyfri'i hun yn lwcus. Doedd 'na ddim hanes o gorff yn y cerbyd: o leia roedd Kim a Cadi heb eu hanafu; yn anffodus roedd Max Davies yn fyw ac yn iach hefyd.

"Be sy'n digwydd yn dre?" gofynnodd un o ferched

Cyffiniau, un o drigolion y tai crand a oedd wedi dod allan i weld canlyniadau'r ddamwain.

Edrychodd Nathan i gyfeiriad y dre. Roedd proffwydoliaeth Richard Jones yn dod yn wir. Chwysai Nathan fel mochyn.

"Pwy bia'r car? Chi?" holodd rhyw ddyn blin yr olwg.

"Mae 'na rywun yn y bŵt," meddai gwraig dew wrth ei ymyl.

"Be?" meddai Nathan, syndod yn ei lais. "Pam na fasach chi wedi helpu'r diawlad dwl?" Rhuthrodd am y car.

"Hang on, washi," meddai'r dyn blin.

"Ddim yn lecio busnesu oeddan ni," meddai'r ddynes dew.

Doedd ots gan Nathan fod y dyn ffyrnig yn brasgamu tuag ato efo'r bwriad o roi llond ceg i'r cythraul bach digywilydd.

Estynnodd Nathan gyllell fara o'i felt. Agorodd y bŵt. Neidiodd ei galon wrth weld Kim yn gorwedd yno'n friwiau i gyd.

"Nath …" dechreuodd, ond aeth panig drwyddi wrth iddi weld y gyllell.

Clampiodd Nathan law am ei cheg, neidio i'r bŵt a'i gau eiliad cyn i gledr llaw y dyn blin daro ar y metel.

40

YSGYDWODD MAX y boen o'i ben. Ceisiodd sefyll yng nghanol yr ŷd ond gwrthododd ei goesau ei gynnal. Griddfanodd yn hir wrth i'r boen ddechrau cydio ynddo.

Be uffar ddigwyddodd?

Yna daeth Cadi i'w feddwl.

Gan anwybyddu'r boen, fe'i gorfododd ei hun ar ei draed a dringodd yn flêr dros y clawdd (gan greu mwy o ddifrod iddo'i hun yn y broses wrth i'r drain grafu'i groen) ac i'r lôn.

Safodd fel delw.

Pwy laddodd y rhain i gyd? meddyliodd. Nid fi?

Y Clown hyll 'na?

Aeth at gorff dyn a orweddai wrth fŵt y Sierra coch. Gorweddai ar ei stumog. Gyda throed gadarn gwthiodd Max y celain ar ei gefn. Rhythodd Max arno'n hir gan wneud defnydd o'r ddau beth nad oedd yn eiddo i'r dyn. Roedd dagrau o waed yn llifo dros fochau'r creadur a phyllau tywyll yn unig lle bu unwaith ddwy lygad.

Doedd y fath olygfa ddim yn troi stumog Max: gwelsai bethau digon anghynnes tra'n filwr; roedd wedi cyflawni aml i drosedd afiach ei hun.

Ond roedd o'n gwbwl ddryslyd ynglŷn ag amgylchiadau marwolaeth y dyn yma, a'r pum corff arall a orweddai ar y tarmac berwedig.

Edrychodd tuag at dre Geregryn am atebion.

Ond roedd yr olygfa o'r fan'no'n peri mwy byth o ddryswch.

Yn yr awyr uwch y dre roedd côn tywyll yn chwyrlïo tua'r ddaear. Yn sydyn dechreuodd ffrwydriadau fel fflac fritho'r cwmwl, fflamau yn poeri o'r düwch. Ac yn gefndir i'r olygfa roedd sŵn sgrechian ac udo y tu hwnt i ddim a glywsai Max yn ei ddydd. Ni allai lai nag edmygu ofnadwyaeth ogoneddus y dinistr.

Yna, o gornel ei lygad, gwelodd y cyn-filwr symudiad. Trodd i syllu ar y llethr serth a godai ryw filltir y tu cefn i'r tai crand 'ma.

Ac yn dringo'r bryn, yn un rhesiad trefnus, roedd cannoedd o bobol. Nage! Plant oedden nhw, medrai weld hynny wrth graffu drwy belydrau'r haul. Plant: yn cerdded yn dwt i dop y bryn.

Ac yn diflannu i'r ochor arall.

41

CLYWAI NATHAN a Kim sŵn y gyflafan o ddiogelwch tywyll bŵt y Sierra.

Roedd hi'n boeth, a'r ocsigen yn brin yn eu carchar tywyll, felly rhwygodd Nathan drwy gefn y car â'r gyllell finiog. Sgyrnygodd fel anifail gwyllt wrth rwygo drwy ddefnydd y sêt, nes bod digon o hollt yno i ganiatáu i'r aer angenrheidiol sleifio i'r düwch.

"Be sy'n digwydd? Lle mae Cadi?" ymbiliodd Kim.

Mynnodd Nathan dawelwch. Gwyddai – er nad oedd yn deall yr hyn a ddigwyddai'r tu allan – nad oedden nhw am allu helpu Cadi pe baent yn mentro o'u cuddfan yn rhy gynnar; byddai'r felltith a oedd wedi lladd poblogaeth Geregryn yn eu difetha hwythau hefyd.

Wrth feddwl am hynny cofiodd eto am ei fam. Brwydrodd yn erbyn y dagrau wrth i wacter brwnt gydio yn ei stumog.

Rhyw loetran drwy fywyd ddaru Nathan Stevens hyd at ryw wythnos yn ôl; byw a breuddwydio'n ddi-lol. Nid nad oedd yna ryw gynllun a dyhead yn ei ffordd ymddangosiadol ddidaro o fyw. Gwyddai'n iawn y llwybr roedd o am ei ddilyn. Roedd o wedi cael y cyfle hefyd i dreulio cyfnod ym Manceinion a Llundain. Fodd bynnag, wrth ddychwelyd i Geregryn, dylai fod wedi sylweddoli nad bod yn seren roc, yn gerddor byd-enwog, oedd yr yrfa a oedd yn yr arfaeth iddo.

Dros y dyddiau diwetha roedd o wedi colli ffrindiau a theulu; wedi dod ar draws rhywun a oedd yn werth y byd iddo; ac wedi darganfod cyfrinach dywyll y tu hwnt i reswm a phob posibilrwydd.

Teimlai fel pe bai wedi'i fflangellu at fêr ei esgyrn.

A gwyddai fod gwaeth i ddod cyn gorffwys.

Teimlai guriad calon chwim Kim wrth iddi glosio tuag ato; synhwyrai ei hanadlu poeth ar ei wddw.

Roedd o'n ysu dweud wrthi, ond sut fyddai'n ymateb?

Câi hynny aros nes i'r drwg glirio.

Tynhaodd Nathan. Pwy oedd y tu allan? Dilynodd y sŵn traed baglog wrth iddyn nhw grwydro o gwmpas y cerbyd. Un o fwystfilod y syrcas felltigedig? Rhywun wedi goroesi'r ymosodiad?

Doedd ganddo fawr o awydd fod yn rhy chwilfrydig.

Arhosodd, ac yn y man, clywodd y camau'n ymbellhau. Tawelwch hir.

Ciciodd Nathan fŵt y car yn agored a llifodd yr haul i'w fagddu. Sugnodd yr awyr iach i'w sgyfaint. Camodd o'r car a rhoi help llaw i Kim.

"O, na!" ebychodd y ferch wrth weld y cyrff.

Gwasgodd Nathan hi'n dynn.

"Cadi! Lle mae Cadi?"

"Kim! Kim! Gwranda!" mynnodd Nathan gan afael ynddi gerfydd ei breichiau a syllu i fyw y llygaid lliw'r nos. "Plîs gwranda. Dw i'm yn dallt yn iawn, ond mae 'na rwbath … fedra i mo'i esbonio'n digwydd yma."

"Cadi?"

"Sgynnon ni'm lot o amsar. Mae Cadi'n iawn ar hyn o bryd. *Plîs* gwranda."

A gwrando ddaru Kim, ar barablu dyn gwallgo.

Yn chwithig, efo embaras yn ei lais, dywedodd Nathan bob dim wrthi.

Ar ddiwedd ei chwedl anhygoel, ysgydwodd ei phen,

yn gwrthod credu.

"Jyst ... dos â fi at Cadi ... plîs," erfyniodd Kim, yn credu bod Nathan wedi colli arno 'i hun.

"Dw i'n gwbod bo chdi'n meddwl bo fi'n nyts. Ond mi â i a chdi at Cadi. Jyst trystia fi," meddai Nathan gan ruthro o gar i gar yng Nghyffiniau cyn dod ar draws un â'r agoriad yn barod i'w danio.

Un o'r rhain bia hwn, debyg, meddyliodd Nathan, gan gipio draw at y cyrff ar hyd y lôn. Rhyw gono bach cyffredin, yn barod i fynd i orffen rhyw dasg ddiflas ar ddiwrnod diflas mewn rhan *hynod* ddiflas o Geregryn.

Ond doedd Geregryn ddim yn bod bellach.

42

BE AR WYNEB y ddaear oedd yn digwydd iddo fo? Credai Max ei fod yn anymwybodol o hyd. Hunlle, meddyliodd, hunlle ydi hyn.

Stopiodd ar waelod y bryn, ar gyrion y comin lle'r oedd yr aberth i Arglwydd y Pydew ar ddechrau.

Gwyliodd wrth i gannoedd o blant – rhai ond newydd orffen eu dyddiau cropian, eraill yn eu harddegau – yn cerdded yn llesmeiriol tuag at fynedfa'r babell fawr, liwgar a safai yng nghanol y cytir.

Gwelodd y Clown, yn anferth ymysg y plant, yn dawnsio fel rhyw nansi boi saith troedfedd.

Ac eraill hefyd, o bob lliw a llun, yn arwain y plant i'r babell.

Pa fath o syrcas ydi hon? meddyliodd Max.

Chwiliodd am Cadi yn y neidr hir o blant – a'i gweld!

Curodd calon Max ar ras. Byddai'n cipio'r hogan fach ac yn mynd i chwilio am …

Kim!

Blydi hel, roedd o wedi anghofio bob diawl o ddim am honno!

"*Shit*!" rhegodd, yn ei ddamio'i hun am beidio â bwrw golwg yn y bŵt.

Yn fan 'no roedd hi o hyd mae'n rhaid.

PAM UFFAR DDARU O'M SBIO?

A, wel, meddyliodd, dangos faint o feddwl sgen i ohoni

go iawn – hwyr glas i mi gael madael ar yr ast.

A dyna fydda fo'n ei wneud: cael gafael ar yr hogan fach, yn ôl wedyn am y car, llusgo Kim o'r bŵt a dysgu gwers iddi o flaen Cadi.

I wneud yn siŵr na fyddai Cadi'n tyfu i fod fel ei mam.

Brasgamodd i gyfeiriad y rhes plant, ei lygaid wedi eu cloi ar Cadi.

43

ROEDD YR OLWG welw o ddychryn llwyr ar wyneb Kim yn gadarnhad i Nathan ei bod yn derbyn, os nad yn credu, yr hyn a ddywedodd wrthi.

Roedd injan yr Honda Civic yn dal i droi, Nathan wedi stopio'r car ar gyrion y comin.

Syllodd Kim ag anghrediniaeth ar y weledigaeth.

"CADI!" gwaeddodd, yn gweld ei merch yn crwydro'n ddi-boen am y babell yng nghanol y plant eraill.

"O, na," meddai wedyn yn dawelach, a dilynodd Nathan ei hedrychiad.

Roedd dyn mawr gwallt tywyll yn trotian i gyfeiriad y plant.

I gyfeiriad Cadi.

Pwysodd Nathan ar y sbardun.

* * *

Lonciodd Max am y plant.

"A lle mae Dadi'n meddwl mae o'n mynd?"

Camodd y Clown o'i flaen, a bu bron i Max atal ei gamau. Camodd Max yn ei flaen, yn anwybyddu'r mur o gnawd gwyn.

Safai'r clown, gwên syn ar ei wyneb, o weld hyfdra'r cnonyn 'ma a oedd yn martsio fel sowldiwr tuag ato.

Ddwy lathen o'r Clown, rhuodd Max a chicio'r cawr

yn ei geilliau. Gwichiodd yr horwth, heb ddisgwyl y fath ymosodiad, a syrthiodd fel tŵr i'r llawr.

Ysgubodd ton o falchder dros Max. Ond dim ond am eiliad.

Yn fuan iawn trodd ei falchder yn ffyrnigrwydd atgas – achos dyna lle'r oedd Kim yn cydio'n Cadi.

A phwy uffar oedd y dyn 'na efo hi?

44

GWASGODD KIM ei merch yn dynn, rhyddhad yn ei chynhesu. Ond roedd yr hogan fach yn oer fel craig, yn dawel fel bedd.

Rhuthrodd Nathan tuag atynt i'w hebrwng yn ôl i'r car. Ond gwelodd yn y modd roedd Kim wedi stopio deg llath o'i flaen fod 'na rywbeth o'i le.

Ac yna, teimlodd y fraich gry'n cau am ei wddw.

Hyrddiodd benelin gadarn i asennau'i ymosodwr a throdd i'w wynebu.

Chwythodd y dyn fflamau o'i ffroenau wrth geisio dal ei wynt. Stryffagliodd y fflamiwr i'w draed, gan syllu'n filain ar y dyn a'i lloriodd.

Sut ar wyneb y ddaear dw i fod i sortio hwn, meddyliodd Nathan.

Ac yna, clywodd Kim yn sgrechian ei enw.

Trodd i weld y cawr o glown yn llamu tuag ato, gan ruo fel llew gwallgo oedd ar fin llarpio'i sglyfaeth.

Rowliodd Nathan ei hun yn belen a syrthio i'r llawr.

Clywodd y clown yn dweud: "Wps" cyn baglu dros ei gorff a tharo'r dyn anadlu tân fel jygernot.

Hyrddiwyd y fflamiwr yn ei ôl a syrthiodd yn erbyn canfas y babell fawr.

Ffrwydrodd ei gorff a llyfodd ei weddillion tanbaid y defnydd brau.

Chwipiodd y fflamau'n ffyrnig a dechreuodd rhai o'r

plant ddeffro o'u llesmair.

Roedd rhai ohonyn nhw'n sgrechian.

* * *

Llosgodd y boen drwy ben Kim.

"Reit ta, y bitsh," meddai Max, llond llaw o'i gwallt hir, brown yn ei ddwrn. Rhwygodd Cadi o afael ei mam a thaflu'r wraig i'r llawr.

* * *

Ni sylwodd Nathan ar yr ymosodiad. Roedd o'n cael ei lygadu drachefn.

Cododd y Clown ar ei draed yn ara deg, golwg filain ar ei wyneb gwyn, ei ddillad lliwgar wedi'u deifio yn sgîl ei godwm yn erbyn dyn y fflamau.

Baglodd i gyfeiriad Nathan, mwrdwr ar ei feddwl, ond roedd o'n dal yn sigledig; ei geilliau'n boenus wedi i Max roi blaen troed iddyn nhw, ei groen yn gwyniasu wedi'r gusan dân.

Ac roedd ei simsanrwydd yn wahoddiad i Nathan.

Gyda nerth na wyddai ei fod yn ei gorff, anelodd gic at wyneb y Clown. Cysylltodd â thrwyn coch ffug y cawr. Ond nid un ffug oedd o, a syllodd Nathan yn syn wrth iddo ddatgysylltu o wyneb ei berchennog mewn ffrwd o waed.

Syrthiodd y Clown i'r llawr gan ddal ei wyneb yn ei ddwylo a gwichian fel babi.

45

ROEDD THEODRIC yn gandryll.

Dechreuodd grafu gwallt ei ben, rhuodd wrth dystio i'r olygfa: y fflamau'n bwyta i'r babell fawr, a dieithriaid yn halogi'r seremoni sanctaidd.

Beth fyddai goblygiadau'r ymyrraeth? Doedd 'na neb wedi meiddio busnesu cyn hyn.

Edrychodd eto ar y tân. A dechreuodd grynu dan ofn.

Fflamau'n unig a allai beryglu bodolaeth Arglwydd y Pydew. Bu'n rhaid iddynt ei achub filoedd o flynyddoedd ynghynt rhag tân.

Ond roedd hwn yn waeth. Roedd y defnydd yn craclian, yn diflannu ar garlam wrth i'r fflamau ddringo'n uwch, gan ledaenu o'r naill ochr i'r llall.

"NAAAA!" sgyrnygodd, a dechrau gwthio rhai o'r plant i'r babell, eu brysio tuag at eu diwedd.

Roedd rhai wedi sgrialu, wedi'u deffro gan y tân.

Ond roedd 'na ddigonedd i blesio'r meistr.

Digonedd.

46

Rhedodd Cadi o afael ei thad.

"Tyd yma!" gwaeddodd ar ei hôl, gan syrthio wrth gyrchu amdani.

Torrodd Cadi drwy'r rhes, yn rhedeg i 'nunlle, ond â'i bryd ar fynd mor bell o'r gwallgofrwydd o'i chwmpas ag y gallai.

Sgrechiodd wrth i ddyn côt goch gythru ynddi a'i thaflu i'r babell.

Gwaeddodd Kim enw'i merch wrth ei gweld yn diflannu i'r fflamau.

* * *

"Ewch! Rhedwch!" mynnodd Nathan, yn gwthio llawer o'r plant o res y meirw byw. Ond roedd rhai o hyd yn cerdded drwy'r fynedfa heb boen yn y byd.

Roedd o wedi ei syfrdanu ar yr amrywiaeth gelynion a'i wynebai yn yr apocalyps hwn, ond ar ei drywydd rŵan oedd y rhyfedda ohonynt i gyd.

Carlamodd y corrach amdano, y cleddyf wedi'i gladdu i'r carn i lawr ei gorn gwddw.

Wrth agosáu cydiodd y corrach yn y carn gan baratoi i ymestyn yr arf o'i wain gnawdol.

Ond taflodd Nathan ei hun i gyfeiriad ei ymosodwr a daeth a'i ddyrnau i lawr ar ben y carn.

Stopiodd y corrach yn stond.

Gyrgliodd wrth i'r cleddyf suddo'n ddyfnach i'w grombil.

Ac yna, yn sefyll, bu farw, wrth i'r arf drywanu twll ei din a'i sodro i bridd y comin.

Daliodd Nathan ei wynt, ond daeth chwys oer drosto drachefn wrth glywed rhuo cyfarwydd.

Baglodd y Clown maluriedig i'w gyfeiriad, gwaed yn gorchuddio'i wyneb gwyn.

Rhwygodd Nathan y cleddyf o gorff y corrach.

Swingiodd fel gwallgofddyn a theimlodd ergyd y llafn yn erbyn gwddw'r ymosodwr annaturiol.

Syllodd y ddau ar ei gilydd.

Ac yna, dechreuodd y ffrwd goch lifo o'r wên lydan waedlyd ar wddw'r Clown.

Syrthiodd yn ara.

"AROS YNA'R TRO YMA!" gwaeddodd Nathan ar y celain.

* * *

Doedd Kim ddim am aros i neb arall achub Cadi. Hi fyddai'n gorfod gwneud hynny. Neidiodd ar ei thraed a rhedeg i'r babell wenfflam.

Clywodd lais Nathan yn gweiddi ar ei hôl.

47

Roedd Arglwydd y Pydew yn anfodlon, yn ofnus, hyd yn oed, wrth i'r fflamau marwol losgi'n swnllyd o'i gwmpas. Ac yn waeth na hynny, roedd ei gynheiliaid, y rheini a fu'n sicrhau'r aberth iddo am ganrifoedd, wedi esgeuluso'u dyletswyddau.

Sgrialodd y plant wrth i'r gwres eu deffro o'u swyngwsg. Roedden nhw'n sgrechian a gweiddi wrth sylweddoli'r hyn a oedd yn digwydd.

Neidiodd aelodau o'r syrcas i'w mysg a cheisio taflu nifer ohonyn nhw i'r pydew. Gobeithiai'r gweision ffyddlon hyn y byddai aberth o fath yn eu hamddiffyn rhag dicter eu duw.

Y peth diwetha i Iolo Phillips gofio oedd syllu drwy ffenest ei ystafell fyw wrth i gwmwl du gasglu dros Geregryn.

Sut y cyrhaeddodd o'r lle melltigedig yma, doedd ganddo'r un syniad.

Edrychodd o'i gwmpas: plant yn sgrechian a rhedeg yn wyllt, fflamau'n cracio'n ffyrnig o'u cwmpas, mwg a marwolaeth yn llenwi'i ffroenau.

Doedd o ddim am fod yma.

Gwyliodd mewn arswyd wrth i Ieuan Yates, Sbectols fel y'i gelwid, gael ei lusgo tuag at bydew dwfn gan ferch a'i chroen yn ddarluniau drosto.

Rhewodd wrth i sgrech ddiwetha Ieuan ganu yn ei glustiau.

Ac yna, teimlodd freichiau cynnes yn lapio amdano.

"Mi wyt ti'n hogyn mawr," meddai'r acrobat, ei hwyneb fodfeddi oddi wrth un Iolo, ei phersawr yn llenwi'i ffroenau, ei chorff yn pwyso'n ei erbyn.

Dechreuodd ei lusgo tuag at yr un ffawd ag y cawsai Ieuan.

Brwydrodd yn erbyn y ferch, ond roedd hi'n gryfach na'r disgwyl.

"Na!" gwaeddodd wrth i wres y pydew grasu croen ei wyneb.

"Wyt ti'n leicio 'ndwyt, cariad?" meddai'r acrobat siapus. "Dwi'n gwbod dy anghenion di."

Wrth ymyl y pydew syllodd Iolo i'r dyfnderoedd. A daeth dychryn fel na ddychmygodd erioed i lenwi'i galon. Gwasgodd arddwrn y ferch.

"Ta-ta," meddai honno gan ei wthio.

Gwelodd Iolo ei hwyneb wrth iddo syrthio, y wên yn troi'n arswyd wrth iddi sylwi fod hithau'n syrthio hefyd, y bachgen yn gafael yn ei llaw fel cariad.

Plymiodd Iolo i grombil y bwystfil; a'i gymar am oes yn ei sgîl.

48

BAI Y BLYDI BITSH oedd hyn i gyd, meddyliodd Max, ei groen yn crasu wrth iddo gamu i'r babell ar drywydd ei wraig a'i ferch.

Ei bai hi am achosi i'w feddyliau chwarae triciau dieflig arno fo fel hyn; hi sydd wedi'i yrru'n wallgo. Ac mi geith hi ei chosbi.

Edrychodd ar yr uffern yn y babell, gan gloi'i lygaid fel anel gwn ar ei darged: ar Kim.

Pris i'w dalu, meddyliodd wrth ymosod arni.

*   *   *

Be oedd o i'w wneud?

Kim yn stryffaglio efo rhyw ddyn gwallgo – Max debyg.

Cadi'n brwydro am ei bywyd.

Ond chafodd Nathan mo'r cyfle i wneud penderfyniad.

"Chdi o linach y colledig," meddai'r llais drwy sgrechian y plant a rhuo'r fflamau. "Llinach Richard Jones, y cloffyn."

Syllodd Nathan i gyfeiriad y llais.

Ac yno'n uchel yn nenfwd y babell fawr, a'r fflamau'n bwyta'r defnydd o'i gwmpas, roedd y Syrcas-fesitr yn hongian ar siglen acrobat.

Adnabu Nathan y Theodric diawledig o ddisgrifiadau Richard. Hwn oedd yn rhedeg y sioe. Hwn oedd yn arwain y cabal cythreulig 'ma a fu'n lladd cannoedd os nad miloedd ar hyd y canrifoedd.

"Mi wna i dy blicio di'n fyw a bwydo dy weddillion di i'r brain, y maeddwr!" rhuodd Theodric o'i nyth yn yr uchelfannau.

"TYD LAWR I MI GAEL SETLO COWNT, Y CACHGI CÔT GOCH!" gwaeddodd Nathan ar dop ei lais.

Ac i lawr y daeth o; ond nid fel Syrcas-feistr.

Dechreuodd Theodric ddatgymalu, y ffurf ddynol yn trawsnewid. Ffrwydrodd dwy adain fawr ddu o'i sgwyddau. Diflannodd y wyneb slei ac yn ei le ffurfiwyd wyneb ellyll, â cheg llawn dannedd miniog, gyda dwy lygad felen ar bobtu i'r pen. Yn lle'r dwylo, daeth crafangau brwnt, a newidiodd traed a choesau'r Syrcas-feistr yn ddwylo milain, anferthol.

Chwipiodd y creadur dychrynllyd drwy'r awyr i gyfeiriad Nathan.

* * *

Rowliodd Kim mewn poen wedi i droed Max hyrddio i'w stumog.

Dyna'r wers gynta, meddyliodd Max gan chwilio am Cadi.

Cafodd gip eto ar y dyn a oedd efo Kim gynnau. Pwy oedd y llipryn? Cariad newydd? Mi fyddai Max yn sortio hwnnw wedyn.

Ond roedd gan ei nemesis gleddyf. A be oedd o'n weld yn yr awyr? Edrychodd i uchelfannau'r babell.

Rhewodd.

"Tydi hyn ddim yn digwydd go iawn," meddai'n dawel wrth weld y bwystfil annaturiol yn plymio tua'r ddaear.

Ysgydwodd ei ben i geisio cael gwared â'r delweddau dychrynllyd ac edrychodd o'i gwmpas eto, gan chwilio am Cadi.

A dyna lle'r oedd hi. Ym mreichiau rhyw hwren.

Gwthiodd Max blant o'r neilltu wrth frasgamu at y ferch a oedd am daflu'i hogan fach i ryw dwll yn y pridd.

Cythrodd yng ngwallt yr acrobat a gollyngodd honno Cadi. Taflodd Max y wraig yn ddiseremoni, diymdrech i'r pydew.

Cododd Cadi.

"Dadi'n ôl," meddai. "Dadi'n ôl."

Ni sylwodd Max ar y dentacl fawr binc yn codi o'r dyfnder y tu cefn iddo.

49

CLYWAI NATHAN yr adenydd enfawr yn fflapio drwy'r awyr wrth i'r Theodric-fwystfil ddeifio amdano'n ddidrugaredd.

Chwifiodd y cleddyf yn obeithiol uwch ei ben a chau'i lygaid. Teimlodd groen ei sgwyddau'n cael ei rwygo gan grafangau miniog.

Trodd mewn pryd i weld ail ymosodiad yr aderyn erchyll.

A dyma'r ymosodiad terfynol.

Gyda sŵn yr adenydd yn chwipio'n frwnt yn ei glustiau, chwifiodd Nathan y cleddyf eto.

Roedd y Theodric-fwystfil wedi mentro'n rhy agos, a chlywodd Nathan y sgrech wrth i'r llafn gysylltu â chroen caled.

Rowliodd y creadur aflan at wefus y pydew. Stranciodd wrth geisio codi ar ei draed, yr adenydd yn dyrnu mynd, y gwichian yn byddaru Nathan.

Gorweddai'r dyn ifanc ar y llawr yn gwylio'r olygfa, yn gobeithio na fedrai'r anghenfil godi ac ymosod eto.

Doedd gan Nathan mo'r nerth i osgoi cyrch o'r newydd.

A gwyddai fod y diwedd ar droed pan lwyddodd y Theodric-fwystfil i sefyll ar ei grafangau drachefn.

Roedd Nathan ar fin rhoi'r ffidil yn y to.

Ac yna, clywodd enw'r Syrcas-feistr yn cael ei sgrechian yn wallgo o'r tu cefn iddo.

* * *

Sleifiodd y dentacl seimllyd am ganol Max a gwasgu. Codwyd y dyn oddi ar y llawr. Syllodd yn gegrwth a'i lygaid yn soseri syn wrth i'r ddaear fynd yn llai.

Roedd Cadi o hyd yn ei freichiau, a dechreuodd y ferch grio'n dawel.

Syllodd Max i'r pydew.

I fyw llygaid duw y dyfnderoedd, a dechreuodd chwerthin sgrechian yn wallgo wrth i'r piso cynnes lifo i lawr ei goesau.

50

TRODD NATHAN yn boenus i gyfeiriad y waedd. Ni allai ymdopi â gelyn ffiaidd arall, yn enwedig â'r Theodric-fwystfil yn paratoi am ymosodiad marwol.

Gwelodd y gwallgofddyn yn rhuthro amdano, ei lygaid yn wyn mewn croen wedi'i grasu a'i bydru gan fflamau.

Llamodd gweddillion James Lewis dros Nathan a'i hyrddio'i hun yn erbyn y Theodric-fwystfil.

Clywodd Nathan yr ergyd; clywodd y sgrech wrth i'r ddau blymio i'r pydew; a chlywodd y sŵn cnoi.

* * *

Wrth i Arglwydd y Pydew fwydo, teimlodd Max y dentacl yn llacio. Dechreuodd y dychryn afael ynddo. Medrai weld yr hyn oedd yn digwydd i gyrff a oedd newydd ddisgyn i'r geg anferthol. A doedd ganddo ddim bwriad o ddilyn eu trywydd. Ond gwaniodd afael y bwystfil arno.

A syrthiodd.

Yn reddfol, gollyngodd Cadi a gadael iddi ddisgyn o'i flaen, gan obeithio y byddai'r beth-bynnag-oedd-yn-y-pydew yn bwydo arni hi gan roi cyfle iddo fo ei lusgo'i hun o'r uffern.

51

ER Y BOEN yn ei hesgyrn a'i chyhyrau, llusgodd Kim ei hun at ymyl y pydew. Dylai fod wedi sgrechian wrth weld Cadi'n syrthio o afael Max ond roedd y dychryn fel feis, yn gwasgu ar ei nerfau ac yn tagu'r smic lleiaf.

Cadi. Symudodd ei gwefusau'n ddi-sŵn wrth edrych i'r dyfnderoedd.

"Ast!" rhuodd Max a chythru i'w garddwrn a'i law dde. Dim ond blaen bysedd ei gŵr oedd yn ei nadu rhag plymio i gôl y bwystfil islaw.

Gwelodd Kim ei dwrn chwith yn troi'n wyn wrth i'r bwysau annioddefol wthio'r gwaed ohono.

Ac roedd Kim am iddo fedru dal ei afael.

Oherwydd bod Cadi wedi'i lapio'i hun am ei goes chwith.

Syllai'r ferch i'r gwaelodion, yn methu â sgrechian, yn methu ag amgyffred yr hyn a welai.

Gwasgodd Max yn dynnach am arddwrn Kim ond roedd hi'n anwybyddu'r boen wrth drio cyrraedd ei merch.

"Cadi!" gwaeddodd Kim, "Dringa!"

Ond roedd un o dentaclau ffiaidd y creadur yn cosi coes yr hogan fach.

* * *

"CADI!"

Nathan oedd yn gweiddi y tro hwn.

"Edrach arna i!"

Trodd Cadi ei hwyneb bach, gwelw tuag ato.

Roedd Nathan yn gwasgu llafn y cleddyf rhwng ei ddwylo ac yn gwyro'r carn i gyfeiriad yr hogan fach.

"Gafael! Gafael!" mynnodd Nathan, chwys a gwaed yn powlio dros ei wyneb.

"Be ffwc ti'n neud?" gwaeddodd Max.

Ysgydwodd y dyn ei goes, gan geisio disodli'r ferch.

Ond ni fedrai gyrraedd Nathan: roedd un llaw yn dal ymyl y pydew, y llall yn gwasgu garddwrn ei wraig.

"FI 'DI THAD HI!" sgrechiodd Max, wrth gicio eto.

Collodd Cadi ei gafael.

Cydiodd yng ngharn y cleddyf.

Sgyrnygodd Nathan yn erbyn y boen wrth i'r llafn dorri i gledr ei ddwylo, a llifodd y gwaed i lawr y dur gan ddrip-dripian ar ben Cadi fel pe bai hi'n cael ei bedyddio.

52

LAPIODD Y DENTACL am goes Max. Teimlodd y neidr seimllyd, laith yn gwasgu ei ben-glin.

Edrychodd i lawr, udodd wrth iddo gael ei dynnu'n ara deg tuag at farwolaeth dychrynllyd.

Ond roedd ei law o hyd yn dal braich Kim fel mewn feis.

Teimlodd fysedd ei law chwith yn colli gafael ar ymyl y pydew.

Llithrodd, a dechreuodd dynnu Kim yn ei sgîl.

Gwyliodd Nathan hyn wrth lusgo Cadi i ddiogelwch. Roedd ei ddwylo'n boenus, wedi eu rhwygo gan lafn y cleddyf. Ond ceisiodd anwybyddu'r boen wrth dynnu Cadi o'r düwch.

Ond yna, rhewodd. Gwelodd i'r gwaelodion; gwelodd union ffurf Arglwydd y Pydew.

Dyma'r bwysftil a fu'n byw dan bridd y comin ers canrifoedd, wedi'i gladdu yma i ddisgwyl aberth bob can mlynedd.

Gwaniodd pledren Nathan wrth syllu i'r geg fawr binc, y dannedd anferthol yn cnoi a malu'r rhai oedd yno'n barod.

Gwlithen fawr oedd y duw dychrynllyd, yn llwydwyn; a'r tentaclau hir, pinc – yn ymwthio o'r corff afiach – yn chwilio am sglyfaeth, yn ymestyn o gorpws y behemoth.

Wrth i Nathan godi Cadi dros ymyl y dibyn dieflig,

lapiodd un o'r tentaclau am gledr y gleddyf. A'i llusgo i'r geg.

*　*　*

Rhedodd y plant o'r fflamau dan sgrechian a chrio, wedi'u deffro o'u trwmgwsg gan y gwres llethol.

Dihangodd y mwyafrif ohonynt, ond roedd hi'n rhy hwyr i nifer, wedi'u hyrddio i'r pydew gan aelodau o'r syrcas ddieflig.

Ond roedd y rheini bellach yn ei chael hi ar eu gwaetha. Nifer o berfformwyr o bob lliw a llun ar eu gliniau yn y siafins a phridd y babell fawr, yn udo a baldorddi ac yn erfyn maddeuant gan eu duw am fethu.

Ac wrth i'r plant adael y babell dân, dechreuodd y ganfas enfawr sigo dan rym y fflamau.

Dihangodd y plant yn ôl i Geregryn heb wybod be oedd yn eu disgwyl yno; heb wybod eu bod yn brysio i freichiau dinistr newydd.

53

SGRECHIODD MAX wrth sylweddoli fod y diwedd ar gyrraedd.

Gwasgodd y dentacl yn dynnach am ei goes, teimlodd y gwaed yn cael ei wasgu ohoni.

Dyma fo'n cydio'n dynnach yng ngarddwrn Kim, a'i thynnu wrth iddo yntau gael ei dynnu.

"Os ... dwi'n ... mynd ... wyt ... tithau'n dŵad ... HEFYD!" tagodd Max, yn syllu i fyw llygaid ei wraig.

Ceisiodd Kim ei thynnu ei hun yn rhydd o'i afael, ond – fel y gwyddai – roedd o'n ddyn cry.

Edrychodd arno; edrychodd â chasineb yn ei llygaid ar y dyn a fu'n achos cymaint o ddioddefaint iddi.

Llithrodd ei choes dros ymyl y pydew.

Gwyddai fod ei bywyd yn y fantol, yn simsanu rhwng byw a marw. Er mor fregus ei sefyllfa doedd ganddi ddim i'w golli. Dechreuodd gicio Max yn ei wyneb â'i throed.

"DW I'N DŴAD I *NUNLLE* EFO CHDI ..." sgyrnygodd Kim, un gic gadarn yn taro'r nod yn galed, a chollodd Max ei afael. Plymiodd i geg y bwystfil, golwg o ddryswch a dychryn ar ei wyneb wrth iddo syrthio.

"... BYTH ETO!" gwaeddodd Kim wrth i'w gŵr suddo rhwng y dannedd maleisus.

54

PAN SYLWEDDOLODD Arglwydd y Pydew fod ei derynasiad ar ben dechreuodd sugno'r oll oedd o'i gwmpas i'w fedd dan y comin.

Baglodd Nathan, Kim a Cadi o'r babell danllyd wrth i'r fflamau syrthio i'r pydew. Daeth gwynt mawr i'w cyfwrdd, yn llusgo pob corff a cherbyd a oedd â chysylltiad â'r syrcas i ddyfnderoedd y ddaear.

Brwydrodd y tri, eu cyrff yn wan, wan, yn erbyn y storm.

Dallwyd hwy gan lwch, byddarwyd hwy gan ruo'r gyflafan.

Kim a Cadi a gyrhaeddodd yr Honda Civic gynta, y car yn gwegian ond yn gwrthod plygu i'r gwynt creulon.

"Rhaid i chdi ddreifio," meddai Nathan yn dangos ei ddwylo maluriedig i Kim.

Heb ei gysuro, aeth Kim i ochr y dreifar ac agor y drws. Gwyddai nad oedd Nathan yn chwilio am gysur ar hyn o bryd; byddai hynny'n dod yn ddiweddarach.

Ac roedd ganddi gymaint o gysur i'w roi i'r dyn 'ma a gollodd gymaint, a roesai'i fywyd yn y fantol, er mwyn eu hachub.

Ond rŵan, dianc o'r safle ddiawledig 'ma oedd y bwriad.

Gwyliasant am ychydig wrth i'r pydew lusgo fflamau a cherbydau a chyrff i'w stumog. Tybiodd Kim iddi glywed crio truenus.

Ai'r creadur ffiaidd oedd yn gwneud y sŵn? Ai eneidiau coll plant Geregryn oedd yn galaru? Neu ai ei meddwl hi, wedi'i ddrysu gan y gwallgofrwydd, oedd yn erfyn rhesymeg drachefn?

Diflannodd pob dim i'r pwll.

A bu tawelwch.

Llethol.

Tawelwch a oedd yn byddaru.

Ac oeroedd Kim.

Roedd rhywbeth o'i le.

Ac yna, daeth y ffrwydriad, fel llosgfynydd o grombil y ddaear.

Chwydodd y pydew ei weddillion, a chaeodd Kim ei llygaid rhag y gwres annioddefol.

Glawiodd llwch berwedig a chnawd cyntefig i'r ddaear.

55

GYRRODD KIM fel Jehu oddi ar y comin.

Ni welai fawr ddim wrth i'r llwch ddallu'r ffordd.

Clywai'r car yn gwegian wrth i'r storm o dân a chnawd blymio o'r nefoedd ar y metel.

Yn sydyn, daeth anferth o ergyd, fel pe bai meteor wedi glanio ar do'r Honda Civic.

Neidiodd Kim wrth glywed y glec.

Gweddillion.

Neu dyna feddyliodd Kim.

* * *

Canodd sawl ffôn yn ysbyty fechan Geregryn. Ffrindiau a theulu yn holi ynglŷn â chleifion. Ond doedd 'na neb i ateb y galwadau. Goweddai'r derbynnydd ar ei chownter, yn farw o bigiadau ydfrain angau.

Ymhen ychydig oriau, pan fyddai swyddogion o'r Weinyddiaeth Iechyd a'r Weinyddiaeth Amddiffyn yn crwydro'r coridorau (fel y crwydrent strydoedd Geregryn), deuent o hyd i gyrff doctoriaid, nyrsus, gweinyddwyr, glanhawyr, cleifion – dros gant i gyd.

Ac yn Ward Ifan byddai'r ymchwilwyr yn dod o hyd i gorff Rhiannon Stevens, llygod mawr wedi'i brathu hyd nes marw.

Ond ni fyddai'r awdurdodau byth yn gwybod y modd

y gweddïodd y wraig wrth farw; gweddïo nid er ei mwyn ei hun. Ond am achubiaeth i'w mab; am fywyd hir a llewyrchus i'r hogan fach, Cadi; am hapusrwydd o'r diwedd i'r fam ifanc, Kim Davies.

56

BUM MILLTIR o'r gyflafan, roedd yr haul yn tywynnu, yr awyr yn las a bywyd fel bywyd bob dydd. Stopiodd Kim y car ar lôn dawel er mwyn i Cadi gael awyr iach. Roedd hi'n chwys doman, yn swnian crio, a meddyliodd ei mam y byddai ymestyn ei choesau'n llesol iddi. Ond doedd hi ddim yn poeni gymaint am gyflwr corfforol ei phlentyn; yr ofn mawr yng nghalon Kim oedd yr effaith feddyliol, seicolegol, a gâi'r digwyddiadau ar Cadi.

Edrychodd ar Nathan a gwenu. Roedd o'n cysgu, ei wallt yn fler, ei wyneb yn chwys a gwaed sych, ei ddwylo briwiedig wedi'u lapio mewn cadachau gwlyb. Brwsiodd flewyn o wallt du o'i lygaid a theimlodd drydan yn saethu drwy'i chorff.

"Ga i fynd allan, Mam?" gofynnodd Cadi, ei llais heb fod yn fwy na sibrwd.

Nodiodd Kim.

Agorodd yr hogan fach ddrws y car a chamu i'r awyr iach.

Lapiodd y fraich fawr wen am ei gwddw fel neidr am sglyfaeth.

DYCHWELODD Y PLANT i'r dre.

Ond doedd 'na neb yno i'w croesawu: dim breichiau cyfarwydd i'w cofleidio, na lleisiau tyner i'w cysuro, na llygaid dagreuol yn dangos eu colli.

Dim ond celanedd ac atgofion yn pydru ar y strydoedd ac yn y cartrefi.

Ac fel pe bai'r dre gyfan ei hun yn galaru, llanwyd pob twll a chornel ohoni â sŵn wylo'r amddifaid.

Ymhen oriau, pan ddeuai'r awdurdodau i Geregryn, byddent yn dod o hyd i'r plant. Rhai'n ceisio cysuro cyrff eu rhieni; eraill yn crwydro'r strydoedd yn gweiddi enwau mamau a thadau a brodyr a chwiorydd; eraill yn syllu i nunlle gan obeithio deffro o'r hunlle ddi-ddiwedd.

Byddai'r awdurdodau'n holi ac yn holi, ond straeon cymysglyd a dryslyd a gaent gan y rhai bychain.

Chwedlau i oeri'r gwaed.

A byddai'r ateb i'r cwestiwn:

BE DDIGWYDDODD YNG NGEREGRYN?,

yn llechu o hyd dan fantell dywyll.

58

SYRTHIODD Y CLOWN ar ben Cadi, ei gorff anferthol yn ei gwasgu i'r llawr, aroglau cnawd llosg yn llewni'i ffroenau ifanc.

Neidiodd Kim o'r car wrth glywed ei phlentyn yn sgrechian. Daeth Nathan ato'i hun a'i ollwng ei hun o'r cerbyd.

Gwelodd Cadi'n strancio dan y cawr.

A'i ddwylo briwiedig, llusgodd Nathan y carcas oddi ar y ferch, a rhawiodd Kim ei merch yn ei breichiau.

Prociodd Nathan weddillion y Clown â blaen ei draed. Dim ond hanner ucha'r bwystfil oedd yn weddill, ei ganol a'i goesau wedi'u malurio gan y ffrwydriad, a'r torso cadarn yma wedi'i daflu drwy'r awyr i lanio ar ben y car.

Roedd rhan ucha'r pen hefyd ar goll, briw cochddu yn masgio un hanner i'r wyneb gwyn.

Trodd Nathan at Kim a gofleidiai Cadi'n dynn.

"Dim mwy," meddai. "Dim mwy."

EPILOG

FLWYDDYN WEDI'R DIGWYDDIAD, roedd y cyfaddefiadau yn parhau.

Mewn bwthyn unig yng nghanol nunlle gorweddai Nathan Stevens a Kim Davies dan ddillad gwely, glaw Gorffennaf yn pitrwm patrwm ar y to isel.

Syllodd Kim tuag at ddrws. Tu ôl i'r drws hwnnw cysgai Cadi, chwech oed, tawel, unig, ymboenus.

Faint fydd nes i'r creithiau buro?

"Ges i alwad ffôn y dwrnod ddôth Max yn ôl," meddai Kim yn dawel. "Polis yn ffonio o fflat ffrind i mi; Jemma. Roedd rhywun wedi miwtiletio Jemma. Ro'n i'n gwbod mai Max oedd yn gyfrifol. Wedi mynd drwy'i fflat hi'n chwilio am 'y nghyfeiriad newydd i. Ti'n gwbod sut oedd yr heddlu'n gwbod i'n ffonio fi?"

Edrychodd Nathan arni, ei llygaid yn dywyll, yn llawn atgofion dychrynllyd.

"Roedd o wedi drilio'n rhif ffôn i ar 'i brest hi," meddai Kim yn ddidaro. "Ydw i'n frwnt, Nathan?"

"Pam ti'n gofyn?"

"Wel ... dydi'r fath beth ddim yn 'y'n nychryn i bellach; ddim yn 'y'n oeri i."

Trodd Kim ar ei hochr a rhoi llaw ar frest noeth ei chymar. "Be welson ni?"

Nid dyna'r tro cynta iddi ofyn y cwestiwn.

Nid dyna fyddai'r tro diwetha.

AM RESTR GYFLAWN o lyfrau'r wasg, anfonwch am
eich copi personol, rhad o'n Catalog lliw-llawn —
neu hwyliwch i mewn iddo ar y We Fyd-eang!

T**ALYBONT** C**EREDIGION** C**YMRU** SY24 5AP
e-bost ylolfa@ylolfa.com
y we http://www.ylolfa.com
ffôn (01970) 832 304
ffacs 832 782
isdn 832 813